AF728612

BIBLIOTECA DE DERECHO ADMINISTRATIVO

Luigi Garofalo
(Director)

Carlos Antonio Agurto Gonzáles
Sonia Lidia Quequejana Mamani
Benigno Choque Cuenca
(Coordinadores Generales)

COLECCIÓN ALLAN R. BREWER-CARÍAS

JOSÉ GREGORIO SILVA BOCANEY
Profesor de Derecho Administrativo en la Universidad Central de Venezuela

LAS SITUACIONES ADMINISTRATIVAS EN LA FUNCIÓN PÚBLICA

Edición al cuidado de
Carlos Antonio Agurto Gonzáles
Sonia Lidia Quequejana Mamani
Benigno Choque Cuenca

editorial jurídica venezolana
Ediciones Olejnik

Título: Las situaciones administrativas en la función pública.

© José Gregorio Silva Bocaney.

© Copyright de la presente edición:
Ediciones Olejnik
Huérfanos 611, Santiago-Chile
E-mail: contacto@edicionesolejnik.com
Web site: http://www.edicionesolejnik.com

ISBN: 978-956-407-029-2

Diseño de carátula: Ena Zuñiga

Diagramación: Hayden Méndez. hayden.mendezq@gmail.com

Reservados todos los derechos. Ni la totalidad ni parte de la presente edición de este libro puede reproducirse o transmitirse por ningún procedimiento electrónico ni mecánico, incluyendo fotocopia, grabación magnética o cualquier almacenamiento de información y sistema de recuperación, sin la autorización escrita de los titulares del "Copyright".

La primera edición de Ediciones Olejnik fue impresa en Argentina, 2021

La reimpresión en coedición entre Ediciones Olejnik y Editorial Jurídica Venezolana fue impresa por Lightning Source, an Ingram Company, para Editorial Jurídica International Inc., 2021

Dedicatoria

A mis dos ángeles:

José Ramón, quien en vida fuera mi guía y ductor, de quien recibí los mejores ejemplos de dignidad, coraje y perseverancia, y lo más importantes valores. Donde quiera que estés ¡GRACIAS!

José Ángel, luz actual que me invitas a seguir con los valores que tu abuelo me inculcara. ¡GRACIAS!

Agradecimiento

Al jurado del presente trabajo, asignado por la Universidad Central de Venezuela, profesores Armando Rodríguez García, Gustavo Urdaneta Troconis y Rafael Chavero, cuyas observaciones permitieron mejorarlo.

A quienes fueron mis empleados y ahora son amigos, los Dres. Claudia Mota e Iván Paredes, por ayudar a las correcciones del mismo.

A mi compadre y amigo, profesor Carlos Luis Carrillo Artiles, por sus sugerencias y observaciones, así como por sus inmerecidas palabras de presentación.

Al profesor Antonio Silva Aranguren, por sus observaciones al presente trabajo.

ÍNDICE

A TÍTULO DE PRÓLOGO

Cuando el profesor José Gregorio Silva Bocaney me distinguió con el alto honor y placer de efectuar estas breves notas que constituirán el exordio de la publicación editorial de su trabajo de ascenso a la categoría de profesor asistente en el escalafón universitario de la Universidad Central de Venezuela, denominado "Las Situaciones Administrativas en la Función Pública", reveló un acto de fe intelectual y de vinculación afectiva conmigo al considerarme para tal labor dentro de un vasto universo de catedráticos destacados que pudieran haber estado disponibles para presentar algo tan sensible, como lo es el producto de su creación académica a la que dedicó tanta energía, tiempo y constancia, no sólo para su concepción y alumbramiento definitivo, sino inclusive también para su defensa formal ante un jurado docente.

Ésta encomienda me generó además de mucho orgullo y alegría, una profunda responsabilidad personal y académica, ya que no es nada fácil ser objetivo al hablar de una persona a la cual considero mi "hermano por elección" desde hace más de dos décadas, cuando éramos cursantes del post grado de Derecho Administrativo y luego profesores de esta Universidad; sin embargo, trataré de ser sucinto y preciso al escoger referirme a sólo algunas de sus cualidades en esta presentación, e intentaré ser atinado y no superficial al realizar unas breves notas introductorias sobre el tema y sobre el trabajo tan acucioso y bien elaborado, como el que nos ocupa en esta ocasión.

Sobre todo, porque además es usual que la elección subjetiva del prologuista ocurre bajo la idea subyacente de que éste goza de mayor prestigio científico que el autor del trabajo que será publicado, lo cual en mi caso particular no se cumple precisamente ni en conocimiento ni en ilustración sobre este particular tema, por cuanto sin lugar a dudas, el profesor Silva Bocaney no sólo es un par inordinado desde hace muchos años con quien he trabajado y enseñado coetáneamente la temática de la Función Pública en Venezuela, sino que poco a poco se ha posicionado erigiéndose como una verdadera referencia en este tópico específico.

La aseveración anterior sobre la consolidación doctrinal en el área funcionarial del profesor José Gregorio Silva Bocaney, es resultado inobjetable de su constante e ininterrumpido desenvolvimiento académico a través de su obra escrita y como conferencista desde la génesis de la Ley del Estatuto de la Función Pública en el año 2002, aunado a su desarrollo profesional y luego su desempeño como Juez del Tribunal de la Carrera Administrativa y posteriormente como Juez Superior de lo Contencioso Administrativo de la Región Capital durante 11 años ininterrumpidos, erigiéndose indudablemente como uno de los integrantes de la Judicatura con mayor prestigio, seriedad, profundidad, conocimiento y probidad de la última década, -aun cuando desafortunada y contradictoriamente por una injustificada e inexplicable decisión de la institucionalidad judicial no siga ejercitando su magistratura en la actualidad-.

Ahora bien, dada mi entrañable amistad personal y respeto que me une a él y a su familia, como punto previo, con la venia del lector me permito la liberalidad de hacer una minúscula semblanza humana -con conocimiento de causa- de quien considero un profesor y profesional con significativos valores resaltantes. En lo personal, José Gregorio es la reproducción mejorada de un gran hombre, su padre el Dr. José Ramón Silva, ejemplo de superación personal, temple para criar a sus hijos y guía a su misma profesión de abogado, que además le enseñó unos valores de paternidad inconmensurables que ahora son reproducidos por el profesor Silva sobre su hijo José Ángel, -su primogénito y mi ahijado- quien constituye su centro de gravedad y motor de vida, con una abnegación y entrega quizás irrepetibles en la actualidad. En lo académico, el Profesor Silva es ejemplo de constancia, puntualidad y entrega a la docencia con una generosidad espiritual, donde siempre ha sido notoria su bondad infinita en compartir sus amplios conocimientos y profusa experiencia a quien lo requiera independientemente fuesen alumnos o profesionales, lo cual vislumbra su humildad y basta calidad humana.

En cuanto al contenido de esta original obra que tiene el lector en sus manos que ha sido concebida, cavilada y desarrollada con esmero y profundidad por el autor, es sin lugar a dudas ni reservas el primer intento serio que se hace en Venezuela de sistematización de las diversas situaciones jurídicas administrativas de los agentes públicos en sus variadas posiciones y modalidades en la relación de servicio dentro de la Administración Pública, con la profundidad y el mérito académico exigidas para un trabajo de ascenso dentro de la carrera universitaria, pero que además constituye un verdadero aporte científico a la comunidad jurídica en general por su minuciosa rigurosidad, ya que los libros de textos previamente escritos relacionados con la materia apenas hacían alguna referencia exigua o superficial sobre el tema.

En cuanto al tema que nos ocupa, es conocido por todos que dentro del diseño del Poder Público Venezolano se erige una singular arquitectura de sujetos que aunque en algunos casos detenten personalidad jurídica propia y en otros casos carezcan de ella, -entes y órganos- están integrados en la noción de Administración Pública Orgánica a la cual se le atribuye por mandato legal una serie de funciones y competencias de variada gama y naturaleza, sin embargo, tales ficciones estatales para operar y desempeñar esas específicas actividades requerirán incontrovertiblemente de un sustrato personal que necesariamente la lleve a cabo. Estas personas naturales encargadas de esa singular labor son los Servidores Públicos de amplio espectro, que abarcan distintas categorías, desde los agentes públicos de naturaleza estatutaria como serían los funcionarios o empleados públicos de carrera, los de libre nombramiento y libre retiro, hasta otros no estatutarios, como serían los de elección popular y otros operadores públicos como los Contratados y los obreros de la Administración.

En esa particular estirpe estatutaria es donde se va a desarrollar una diversidad de modalidades *hacia lo interno* de la relación que ubicarán en un *peculiar status* a un agente público determinado, dependiendo de la forma y manera como preste su servicio personal para la Administración, atendiendo a su ubicación o adscripción dentro de la estructura piramidal pública a la cual pertenece, o a su asignación temporal o definitiva en otro órgano o entidad particular, lo cual finalmente condicionará su conducta y comportamiento en el desempeño público, así como los vínculos legales y obligaciones de subordinación jerárquica con las distintas Administraciones que se trate y su sumisión eventual al control y ejercicio del Poder Disciplinario. Esos status son las distintas situaciones administrativas que constituyen un espectro de estudio particular dentro de la Función Pública, las cuales pasaré sucintamente a ilustrar y relacionar con el trabajo en cuestión.

En un primer evento, emerge la situación natural de **servicio activo** y **ejercicio efectivo** prevista en el artículo 70 de la Ley del Estatuto de la Función Pública, que presupone la prestación personal y directa de la actividad y conductas encomendadas por el Manual Descriptivo y por el Registro de Información de Cargos al agente titular de ese escaño dentro de la Administración a la cual pertenece, siempre que materialmente lleve a cabo normalmente sus funciones, pero luego el artículo 71 de la misma Ley funcionarial modula legalmente a una situación variante para el servidor público que lo pudiese ubicar en una **comisión de servicio,** con lo cual por ésta figura el servidor público ahora prestará temporalmente su servicio efectivo en otra estructura orgánica administrativa diferente llamada "Comisionada" ejerciendo un cargo de igual o similar jerarquía y remuneración e inclusive para ejercer cargos diferentes siempre que el funcionario llene los requisitos de ingreso al cargo y éste sea de igual o superior nivel al que ejerce en el órgano natural u original que pertenece llamado "Comitente" con quien mantendrá incólume su vínculo subjetivo de sumisión jerárquica y disciplinaria, aun cuando cotidianamente se encuentre bajo la dirección y supervisión de las autoridades del organismo Comisionado. De manera que, ante cualquier incumplimiento de sus deberes funcionales que constituyan faltas reprochables disciplinariamente dentro del organismo Comisionado, los superiores de ese órgano deberían solicitar el inicio de la averiguación al órgano de la Administración Comitente quien sería el único competente como titular del ejercicio del Poder Disciplinario para imponer correcciones a comportamientos establecidos como faltas.

En este punto en concreto el Profesor Silva apunta que como consecuencia de la Comisión de Servicio, el órgano Comisionado sólo podría recabar la información necesaria en etapas preliminares de la averiguación disciplinaria a los fines de remitirlo al Comitente, a lo cual sólo agregaría de acuerdo a mi visión particular, que este recabamiento probatorio se limitaría únicamente al levantamiento de pruebas objetivas o aquellas que por su naturaleza desaparezcan por el transcurso del tiempo en paralelismo a lo que sería algo así en materia civil como una evacuación anticipada de la prueba por "retardo perjudicial". Esta restricción en la captación de los elementos probatorios de acuerdo a mi criterio se debe a que aún no se ha iniciado formalmente la averiguación correspondiente ni se ha notificado al presunto reprochable, con lo cual se advertiría la imposibilidad de recaudación de pruebas subjetivas sin control probatorio del probable involucrado al obtenerse éstas a sus espaldas por no haber sido notificado aún del inicio de una investigación, lo cual conduciría a la discusión si se conculca su derecho a la defensa. Sobre este punto particular de las potencialidades investigativas en la fase preliminar de averiguaciones administrativas, en muchas ocasiones he compartido posiciones distintas con el Profesor Silva durante muchos años, a veces confluyendo en posturas concurrentes y en otras ocasiones en visiones disyuntivas.

Lo que si es cierto es que en esta obra, el Profesor Silva entra a analizar detalladamente la Comisión de Servicio, aseverando acertadamente que la Ley del Estatuto de la Función Pública regula con mayor amplitud esta situación que la extinta ley de Carrera Administrativa, ya que aquella limitaba la Comisión de Servicios sólo entre órganos y entes de la Administración Pública Nacional, mientras que ahora se flexibiliza su ámbito más allá de la Administración Pública Nacional permitiéndola también con órganos y entres de naturaleza municipal o estadual. Asimismo entra a detallar las consecuencias generales de la Comisión de Servicio evaluando diversos aspectos desde la volición o aceptación forzosa por el servidor público, sus requisitos y duración, hasta aspectos particulares como los relativos a quien le corresponde pagar los sueldos y emolumentos, y a quien le incumbe la eventual diferencia económica en el caso que la hubiere, las cuota parte de prestaciones sociales, viáticos y la preservación del cargo en el órgano Comitente con la protección consecuencial del derecho del funcionario de carrera a la estabilidad. Finalmente, para redondear el tema, aborda inclusive algunos ejemplos de irregularidades en la Comisión de Servicios detectadas por su experiencia judicial y culmina este punto con un análisis de esa situación administrativa en el derecho comparado y en estatutos particulares nacionales como el Ministerio Público, Ministerio Público, Asamblea Nacional, S.E.N.I.A.T., Cuerpos Policiales, Fuerza Armada Nacional y SUDEBAN.

En un segundo orden, se presenta la figura del **traslado** permanente por razones exclusivas e imperantes de servicio que puede darse dentro de la misma localidad o en otra, articulando una misma organicidad administrativa o hacia otro órgano o ente, en donde convenientemente el autor afirma que puede suponer la separación de una Administración de origen para su adscripción permanente a otra a la cual se transfiere o traslada, rompiendo el vínculo con una y creando un nuevo vínculo, que no tiene en manera alguna rasgos de discrecionalidad, por lo que no se trata del interés o voluntad del jerarca sino de la observancia de una serie de condiciones.

Esas condiciones así como el cumplimiento de una cantidad de requisitos materiales pueden ser objeto de control judicial, como serían los vinculados a la naturaleza del cargo de igual o superior jerarquía, y a la necesaria concurrencia de la voluntad de aceptación del servidor público en el caso de traslados fuera de la localidad original, en cuyo caso se impondría la obligación de la Administración empleadora a la cobertura obligatoria de los gastos como pasajes y fletes, así como justificar mediante acto expreso los supuestos que motivarían esa movilización del agente público. Estos puntos son exhaustivamente desarrollados por el Profesor Silva, para presentar contrastantemente una nueva situación administrativa creada por la Ley del Estatuto de la Función Público, como lo es la **transferencia** por efecto de la descentralización, a otro ente territorial, o cuando producto de la misma se produce la transferencia de la competencia y del servicio, conllevando una modificación de la adscripción al nuevo ente descentralizado y rompiendo los vínculos primitivos con la Administración de procedencia.

Posteriormente se nos presenta las **vacaciones**, que han sido establecidas dentro del diseño constitucional y legal como un derecho social al descanso de la prestación del servicio, y que en el caso del empleo público tiene su fuente directa en la prestación efectiva del servicio, muy particularmente en el trabajo que comentó se hace una reseña de su acumulabilidad, así como la oportunidad del pago del bono vacacional, para luego detenerse en las situaciones administrativas de los **permisos y licencias** que permiten exentarse de asistir y cumplir sus funciones por motivos justificados y por tiempo delimitado, que imponen su otorgamiento obligatorio o potestativo por la Administración empleadora, con el goce de sueldo y sin él, que singularmente nuestra legislación enuncia como distintos pero que no conceptúa distinción normativa de contenido. Sin embargo, el Profesor Silva siguiendo las ideas del autor español Miguel Sánchez Morón, asume como diferentes atendiendo a su naturaleza breve o de mayor duración respectivamente, a lo cual agregaría que en algunas ocasiones esa distinción radica en que unos son de carácter excepcional por agotarse en una actividad de tracto instantánea mientras que el otro se trata de actividades rotativas o de tracto sucesivo en una temporalidad particular. Lo importante es que más allá de estas distinciones generales, el trabajo centra su atención en el permiso maternal, paternal, por deberes de cuido o atención familiar, fallecimiento de familiares, matrimonio, nacimiento, por actividades sindicales, servicio militar, comparecencia obligatoria, actividades deportivas y por razones médicas.

Por otra parte, la obra innovadoramente atiende a la nueva situación de la **suspensión del cargo con goce y sin goce de sueldo** regulada ahora como una medida cautelar intraprocedimental asegurativa dentro de las averiguaciones disciplinarias frente al erróneo tratamiento anterior de emulación de una sanción concebida por la derogada Ley de Carrera Administrativa, por cuanto ahora incontrovertiblemente se busca precaver y evitar la posible perturbación o intromisión del investigado en procedimientos disciplinarios que eventualmente pudiera acarrear una medida de destitución. Acá, encuentro uno de los aportes más significativos del trabajo del Profesor Silva a la materia disciplinaria, al aseverar correctamente que aun cuando la evaluación de la toma de esa decisión preventiva depende de la discrecionalidad de los órganos ejercitantes del poder disciplinario, no escapa del control judicial las razones invocadas por la Administración Activa al justificar la conveniencia de tal suspensión que necesariamente debe apuntar exclusivamente a la finalidad de la investigación, so pena que sea declarado el vicio de Desviación de Poder o Falso Supuesto.

Ya para finalizar, creo que el trabajo del Profesor Silva está inspirado en el eje conceptual de la institución de la estabilidad funcionarial como centro gravitacional de la justificación y operatividad de las situaciones administrativas de los agentes públicos, estableciendo una correcta y franca distancia entre lo funcionarial y lo laboral. Muy particularmente con el tema de la **disponibilidad y reubicación,** en donde un funcionario de carrera administrativa una vez que es removido de un cargo de libre nombramiento y remoción, o afectado por una medida de reducción de personal, se considera como si se tratase del servicio activo, en una situación de latencia con miras a la tramitación de unas gestiones reubicatorias en otro cargo protegiendo su estabilidad y manteniendo su continuidad administrativa de ser posible, como expresiones de lo contemplado en los artículos 76 y 78 de la Ley del Estatuto de la Función Pública.

Con toda seguridad no todo está dicho sobre este particular tema, pero no cabe duda que este trabajo constituye un intento estructurado con la calidad y seriedad académica para constituirse en una referencia de consulta especializada entre profesores y estudiantes de post grado en Derecho Administrativo, operadores judiciales, abogados e inclusive servidores públicos a la hora de abordar cualquier aspecto del elenco plurisubjetivo de las situaciones jurídicas de los operarios públicos administrativos.

Me volvería tedioso e interminable seguir comentado este excelente trabajo, pero considero que realmente el lector es quien debe estudiar y disfrutar su lectura.

Caracas, marzo de 2016

Profesor **Carlos Luis Carrillo Artiles**
Presidente de la Asociación Venezolana de
Derecho Disciplinario

A TÍTULO DE INTRODUCCIÓN

Con el presente trabajo se pretende sistematizar la noción de las situaciones administrativas, que si bien es cierto no se trata de una institución de reciente data, la misma ha sido relegada por los autores nacionales, siendo tratada doctrinariamente de manera referencial, o jurisprudencialmente en el análisis particular de distintas situaciones que, en la función pública, constituyen situaciones administrativas.

Pretendiendo sistematizar lo referido al tema propuesto, el presente trabajo se centra en la importancia de identificar y diferenciar cada una de las situaciones administrativas reguladas en la Ley del Estatuto de la Función Pública, así como el desarrollo de algunas de ellas en otras normativas especiales; también como revisar el contenido de las situaciones administrativas y sus efectos, lo cual conlleva a la situación práctica de tratar de determinar su justo alcance, evitando así aplicaciones distorsionadas, o en caso que suceda dicha distorsión, los elementos para identificarla.

Para ello, he de partir de la noción de situación jurídica, para posteriormente tratar de definir las situaciones administrativas al caso que nos interesa, verificando su derivación y el posterior análisis de distintas situaciones que pueden presentarse en la relación funcionarial en Venezuela, así como de algunas otras que tienen plena vigencia allende fronteras.

CAPÍTULO I

DE LAS SITUACIONES JURÍDICAS

Para poder referirnos a las situaciones administrativas en la Función Pública como un tipo específico de las situaciones jurídicas, debemos traer al tapete en primer lugar, la noción general de relaciones jurídicas y su alcance, toda vez que la noción de situación implica la relación de un sujeto o cosa frente a otro sujeto o cosa o en referencia a su ubicación espacial.

Así, "situar" conforme a la primera acepción del Diccionario de la Real Academia Española[1] como verbo pronominal es "Poner a alguien o algo en determinado sitio o situación", mientras que situación refiere a posición, lo cual es usado de manera comparativa, en el sentido que cualquier situación debe tener necesariamente la referencia a un lugar o posición de un sujeto frente a otro o en referencia a la posición frente a un órgano o institución; mientras situación es definida en el mismo diccionario como:

Situación

1. f. Acción y efecto de situar o situarse.
2. f. Disposición de una cosa respecto del lugar que ocupa.
3. f. Posición social o económica.
4. f. Estado o constitución de las cosas y personas.
5. f. Conjunto de factores o circunstancias que afectan a alguien o algo en un determinado momento.
6. f. Estado sociopolítico de un grupo o partido gobernante. Ser de La situación.

~ **activa.**

1. **f. La del funcionario que está prestando de hecho, real y positivamente, algún servicio al Estado.**

~ dramática.

1. f. En las obras de teatro, cada una de las que muestran cómo un personaje afronta determinado conflicto.
2. f. Aquella que revela alguna relación especialmente significativa entre personajes.

~ **pasiva.**

---

1 Versión electrónica correspondiente a la 22ª edición, publicada en el año 2001, consultada en la página web http://lema.rae.es/drae/

1. f. La de la persona que se encuentra cesante, jubilada, excedente, de reemplazo, de cuartel, en la reserva, retirada del servicio, etc.

En este sentido, la situación derivada de la relación que puede existir de un amigo frente a otro, la que puede surgir frente a la relación afectiva o la que puede ocupar un jugador en el equipo, son ejemplos de situaciones que no tienen relevancia jurídica; sin embargo, si se trata de una relación jurídica la noción implica que esta relación se encuentra regulada por el Derecho, o que el Derecho tiene interés en esa específica situación, lo que nos lleva a la noción de situación jurídica que constituye uno de los aspectos condicionantes básicos de la existencia jurídica de los sujetos. Las situaciones jurídicas son las posiciones que ocupa cada uno de los sujetos que intervienen en las diversas relaciones jurídicas.

Las relaciones jurídicas se establecen normalmente entre dos sujetos y de ellas se derivan e imponen condiciones a cada uno de ellos, atribuyendo deberes y obligaciones que en algunos casos pueden ser recíprocas, o en otros la imposición legal de un sujeto sobre otro.

Así, la relación jurídica versa sobre un "algo" que vincula a los sujetos en razón de alguna subordinación o de cualquier vínculo que los ligue y que interese al Derecho.

Por su parte, la situación jurídica constituye un aspecto condicionante básico de una relación jurídica, que determina las posiciones que ocupa cada uno de los sujetos que intervienen en las diversas relaciones jurídicas que conlleva a la forma como han de comportarse esos sujetos. Así, quien impone obligaciones o a quien se le atribuyen poderes se considera sujeto activo y quien funge como obligado constituye el sujeto pasivo; sin embargo, resulta natural que se distribuyan cargas de derechos y obligaciones recíprocas en determinadas situaciones jurídicas.

I. NOCIÓN DE SITUACIÓN ADMINISTRATIVA

Toda vez que la relación funcionarial entre el funcionario público y la Administración Pública, es una relación jurídica que indudablemente interesa al Derecho, tenemos que las situaciones administrativas en las relaciones funcionariales, corresponden a la posición en que se encuentra el funcionario frente a la Administración en cada momento de su servicio, aun cuando el funcionario, incluso activo, no se encuentre prestando efectivamente sus servicios a la Administración -bien sea en sentido general o a la Administración que corresponde o de adscripción en sentido particular-, mantiene sus vínculos y la relación con ésta, como si estuviese prestando efectiva y activamente el servicio. Es decir, las situaciones administrativas abarcan la relación Administración-funcionario cuando el último se encuentra en servicio activo y prestando efectivamente sus servicios personales para la Administración de que se trate; o, cuando vinculado a la Administración, no presta sus servicios en razón de un permiso o licencia, o la preste para otro órgano o ente en razón de otra situación administrativa.

Si bien, la mayoría las situaciones administrativas corresponden a todos los funcionarios, independientemente de su relación con respecto a la Ley del Estatuto de la Función Pública, o estatutos especiales, sin distingo de que se trate de funcionarios de carrera, de elección popular, de libre nombramiento y remoción, algunas muy específicas situaciones administrativas son aplicables sólo a funcionarios de carrera, o su tratamiento es distinto en caso que se trata de funcionarios de carrera.

En estos casos, de situaciones administrativas exclusivas de funcionarios de carrera, considero que, desarrolladas estas situaciones administrativas dentro de la noción de estabilidad, buscan la protección de esta institución (estabilidad), en el entendido que reconocen y respetan la condición de funcionario de carrera, lo ampara en tal condición y mantiene en el vínculo con y frente a la función pública.

Ejemplo de ello lo encontramos en la comisión de servicios (que será objeto de análisis posterior), donde aun cuando el funcionario preste servicios para otro órgano mantiene la relación con la Administración de origen y resguarda su cargo, mientras en otros como en la transferencia o el traslado, el funcionario pasa a desempeñar el mismo cargo en otro destino, o incluso otro cargo, pero manteniendo el vínculo con la función sin solución de continuidad.

Así, en muchos casos, las situaciones administrativas garantizan la continuidad en la carrera, aun cuando en la situación de que se trata no se ejerza un cargo de carrera; y, en consecuencia, protegen la continuidad posterior del funcionario en la carrera, pues ha de volver a su cargo original al culminar la situación.

En otros casos existe cambio con la Administración de origen (transferencia, traslado en algunos casos), pero el funcionario mantiene su condición y relación dentro de la función pública.

Señalado lo anterior, debe acotarse que las situaciones administrativas no son un monopolio de los funcionarios de carrera, sino que cualquier funcionario -independientemente de que sea o no de carrera-, siempre va a encontrarse en una situación administrativa, bien en el ejercicio activo y efectivo de su cargo, o entendiendo -suerte de ficción- que se encuentra como activo.

Teniendo claro que el servicio activo implica la primera situación administrativa, existen casos donde no se presta el servicio, o se presta para otro órgano de la Administración, teniéndose al funcionario en estos casos como si de servicio activo se tratara.

La Ley de Carrera Administrativa, señalaba en su artículo 50 que:

> Se considera en servicio activo a los funcionarios de carrera que desempeñan el cargo correspondiente en el organismo que pertenezcan o bien se les haya conferido una comisión de servicio de carácter temporal en otro cargo de su propio organismo o de otro organismo de la Administración Pública Nacional.
>
> El disfrute de permisos o licencias, otorgadas de conformidad con el reglamento respectivo, no altera la situación de servicio activo.
>
> Parágrafo Único: Los funcionarios que estén en situación de servicio activo tienen todos sus derechos, prerrogativas, deberes y responsabilidades inherentes a su condición.

Por su parte, el Reglamento de la Ley de Carrera Administrativa regula en un mismo título lo concerniente al servicio activo, las situaciones administrativas y el régimen disciplinario, siendo que en el Capítulo I del Título III regula el servicio activo y las situaciones administrativas, señalando que se considera en servicio activo al funcionario que ejerza el cargo del cual es titular, o que se encuentre en comisión de servicio, traslado, permiso o licencia o en período de disponibilidad.

Esa noción de situaciones administrativas nos lleva a dos situaciones diferenciadas: 1) la del servicio activo, como aquella en la cual el funcionario ejerce el cargo; y, 2) que se encuentre en comisión de servicio, traslado, licencia o suspensión.

La primera, servicio activo, es la situación natural del funcionario que ejerce efectivamente el cargo; mientras la segunda, constituye una ficción mediante la cual aun cuando no ejerza el cargo en la Administración de adscripción se considera como si de servicio activo se tratara.

Esa noción de servicio activo que se distingue como ficción, conlleva a mantener un *status* o vínculo con un determinado órgano de la Administración (Administración de adscripción), bien en situaciones de permisos o comisiones de servicio -por ejemplo-, conlleva a que el funcionario mantiene de forma tal el vínculo que subsisten todas las obligaciones y derechos de los funcionarios para con la Administración "originaria" (a los fines de darle una denominación para poder distinguirla, toda vez que puede darse el caso que perteneciendo a un órgano y mantener con éste todos los vínculos y la subordinación, puede prestar servicio a otro órgano).

Sin embargo, de la revisión singular de las situaciones administrativas se podrá observar como en algunos casos hay ruptura o separación con la Administración de origen (traslado); mientras en otros opera una mixtura de responsabilidades entre diferentes órganos (comisión de servicios); cuando en otros se mantiene plena la relación (permisos); y en otros, se mantiene la relación sin el pago del sueldo correspondiente (permisos no remunerados, suspensiones sin goce de sueldo), y en todas ellas se entiende que el funcionario se encuentra en servicio activo, lo cual ha de considerarse una ficción toda vez que no existe una verdadera y efectiva prestación de servicio en unos casos (permisos por ejemplo), y en otros, la prestación de servicios existe frente a un órgano administrativo distinto al de adscripción o de origen (caso de las comisiones de servicios), pero que en virtud de la ley, se entiende como si de servicio activo en la Administración de adscripción se tratara.

Por su parte, en el Derecho laboral, en situaciones similares donde la persona no presta servicios para su patrono, implican una suspensión de la relación laboral, lo cual conlleva a que el patrono se encuentra eximido del pago de los salarios o por lo menos de la totalidad de los salarios, salvo en el caso de vacaciones y ciertos permisos.

II. DE LA IMPORTANCIA DE LA NOCIÓN DE SITUACIONES ADMINISTRATIVAS Y SUS EFECTOS

A mi entender, las situaciones administrativas, dentro del sistema de la función pública se centra en uno de los pilares de la carrera administrativa como lo es la estabilidad del funcionario público de carrera[2], aparejado a la noción de ingreso por concurso que ordena nuestra Constitución[3].

Dicho sistema de ingreso permite a su vez tener un funcionario debidamente capacitado y preparado en las lides de sus funciones, que ha superado grados y pasos que -se supone- imponen mayores retos y conocimientos, llevando al final a un funcionario que -por lo menos teóricamente- ha de estar suficientemente preparado y capacitado para ejercer el cargo. Además de ello, existen ciertos cargos donde la persona recibe formación académica y práctica, incluso de rango universitario para el ejercicio de sus funciones, que posteriormente al ingreso ha de ejecutar[4].

---

2 Aun cuando señalamos anteriormente que no es exclusivo de los funcionarios de carrera

3 Artículo 144 Constitucional.

4 Como ejemplo lo tenemos en el caso de la carrera policial o militar, donde la mayoría de sus funcionarios son formados exclusivamente para el ejercicio de la función y arma a la que se postularon.

Así, la estabilidad del funcionario de carrera busca precaver y preservar en los cuadros de la Administración a ese funcionario que ha sido preparado y se considera apto para ejercer las funciones propias, en tanto se persigue mantener un nivel de calidad en el aparato administrativo mediante la permanencia del personal calificado que algunas veces ha sido reclutado y formado a expensas de la Administración -o en general del Estado- para el cumplimiento de sus fines, con lo cual la carrera es una forma de procurar y garantizar eficiencia burocrática en beneficio del servicio y, en consecuencia, de la población. De allí, que las causales de retiro son estrictamente cerradas, sin que deje cabida al libre arbitrio del jerarca[5].

Si bien es cierto que la Constitución no se refiere de forma expresa a la estabilidad en la carrera administrativa o en el ejercicio de la función pública en general, establece que los cargos en la Administración Pública son de carrera, salvo sus excepciones contenidas en los cargos de elección popular, libre nombramiento y remoción, contratados y obreros, siendo la estabilidad (conjuntamente con el ascenso y la disciplina) uno de los pilares fundamentales de la carrera, lo cual se afirma en el artículo 144 al señalar que las leyes establecerán el Estatuto de la Función Pública mediante normas sobre el retiro (entre otros).

De allí que, si bien es cierto que la estabilidad en la función pública no obtiene de forma directa cobertura constitucional, al no estar expresamente regulada si la obtiene por lo menos de forma indirecta, al establecer la propia Constitución la carrera como norma, siendo la excepción cualquier ejercicio de cargo ajeno a la carrera, y disponer que el retiro de los funcionarios o empleados públicos se hará de conformidad con lo establecido en la Ley.

A su vez, el artículo 30 de la Ley del Estatuto de la Función Pública establece, como derecho exclusivo de los funcionarios públicos de carrera, la estabilidad, señalando expresamente: "Los funcionarios o funcionarias públicos de carrera que ocupen cargos de carrera gozarán de estabilidad en el desempeño de sus cargos. En consecuencia, sólo podrán ser retirados del servicio por las causales contempladas en la presente Ley".

Dentro de esta noción de estabilidad, que con celo ha resguardado la Ley de Carrera Administrativa y, con el mismo norte la Ley del Estatuto de la Función Pública, se insertan muchas de las situaciones administrativas, en el sentido que algunas de ellas amparan al funcionario público de carrera, manteniéndolo en los cuadros de la

5 Aun cuando en el caso venezolano, hemos visto como los jerarcas disponen del cargo al más puro estilo del sistema de botín, especialmente por razones políticas.

Administración, y, por ende, resguardando su cargo, aun cuando no preste servicios de manera directa a dicha administración.

Por otra parte, existen distintas corrientes que pretenden la laboralización de la función pública[6], las cuales basan su posición señalando que especialmente a raíz de la entrada en vigencia de la Ley Orgánica del Trabajo[7], y la redacción de su artículo 8 (ahora artículo 6), cada vez más instituciones propias del Derecho laboral resultan aplicables a las relaciones funcionariales[8], lo cual pretende -al entender de quienes postulan la idea de la laboralización de la función pública- acercarnos cada vez más a la noción de trabajador público regido por normas laborales, o aquellos sistemas mixtos donde coexisten los funcionarios regidos por relaciones laborales, dejando las relaciones funcionariales a otros niveles o cargos específicos, tal como sucede con los cargos de alto nivel o de confianza, cargos de elección popular, cargos designados por elección de segundo grado[9].

Igualmente encontramos la corriente defensora de las relaciones estatutarias[10] -en la cual me incluyo-, que sostiene que si bien es cierto, algunos aspectos propios de la legislación laboral resultan aplicables en las relaciones funcionariales, no devienen propiamente de la legislación laboral en general, sino de la asunción derivada de las normas constitucionales o estatutarias según sea el caso, que acogen principios que pueden considerarse propios (no por ello exclusivos) del Derecho laboral, por una parte; y por la otra, que la regulación que

6 El profesor Jesús Caballero Ortiz, en su obra titulada *El Derecho del Trabajo en el Régimen Jurídico del Funcionario Público*, Paredes Editores, Caracas 2006, en su introducción general presenta un paneo de la situación planteada, y trata extensivamente en su primera parte, lo referido a las influencias genéricas y circunstanciales del derecho del trabajo en la función pública.

El mismo profesor Caballero Ortiz. *Incidencias del artículo 8 de la Ley Orgánica del Trabajo en el Régimen Jurídico del Funcionario Público*, Editorial Jurídica Venezolana, Caracas 1991, así como la profesora Hildegard Rondón de Sansó, *El funcionario público y la Ley Orgánica del Trabajo*, Editorial Jurídica Venezolana. Caracas 1991, refiriéndose a la aplicación de la Ley Orgánica del Trabajo y su relación con los funcionarios públicos, trataron el tema en discusión.

Por otra parte, hay quienes propugnan la eliminación de la carrera, considerándola como un vicio que restringe el ingreso a la Administración, del mismo modo que han extinguido la meritocracia como elemento de permanencia y supuesto para el ascenso.

7 G.O. N° 4.240 Extraordinario del 20 de diciembre de 1990. Promulgada el 27 de noviembre de 1990. En virtud de la *vacatio legis* recogida en su artículo 665, entró en vigencia el 1ro de enero de 1991.

8 El tema cobra palestra nuevamente a raíz de la entrada en vigencia de la Ley Orgánica del Trabajo, los Trabajadores y Trabajadoras, publicada en G.O. N° 6.076 Extraordinario del 7 de mayo de 2012, cuyo artículo 6 recoge el contenido del artículo 8 de la derogada Ley.

9 Tal como sucede en otros países como Colombia y España.

10 Los dos autores citados, Caballero y Rondón, se encuentran en esta misma corriente, entre otros.

estableció la Ley Orgánica del Trabajo, para ser aplicable al campo funcionarial, se impone bajo límites que sólo pueden ser cubiertos por la legislación funcionarial, nacional, estadal o municipal, según fuere el caso, en el entendido que los elementos esenciales de las relaciones van a estar regidos por normas estatutarias; y el resto, cuando no estén cubiertos por dichas normas, se les aplicaría las reglas propias de la relación laboral.

Siendo ello así, existe un área propia del Derecho funcionarial reservada exclusivamente a la ley por mandato constitucional, de conformidad con el artículo 144, referido al ingreso, ascenso, traslado, suspensión y retiro de los funcionarios, así como las funciones y requisitos que han de cumplir los mismos para ejercer sus cargos, y un área reconocida por el derogado artículo 8 de la Ley Orgánica del Trabajo[11], que se encuentra recogido en similares términos en el artículo 6 del Decreto con Rango, Valor y Fuerza de Ley Orgánica del Trabajo, los Trabajadores y las Trabajadoras, como exclusiva de la normativa funcionarial que recoge los mismos ítems regulados en la Constitución, a los cuales se les agrega lo referido al sistema de remuneración, estabilidad y régimen jurisdiccional, previendo el mismo artículo que gozarán de los beneficios acordados en esa ley en todo lo no previsto en el ordenamiento estatutario.

Esa última frase ha sido entendida por algunos laboralistas como cláusula abierta para que la relación funcionarial sea regulada por la normativa laboral, cuando más bien se trata de una cláusula que permite la integración normativa e interpretativa solo en aquellos casos en que un beneficio, condición o situación no se encuentre regulado de manera expresa en las normas estatutarias y no sea de aquellos aspectos que se reserva a la norma estatutaria, haciendo hincapié que no se trata de la aplicación de la norma más favorable,

---

11 Artículo 8 Ley Orgánica del Trabajo: "los funcionarios o empleados públicos Nacionales, Estadales o Municipales se regirán por las normas sobre carrera Administrativa Nacionales, Estadales o Municipales, según sea el caso, en todo lo relativo a su ingreso, ascenso, traslado, suspensión, retiro, sistemas de remuneración, estabilidad y régimen jurisdiccional; y gozarán de los beneficios acordados por esta Ley en todo lo no previsto en aquellos ordenamientos.

Los funcionarios o empleados públicos que desempeñen cargos de carrera tendrán derecho a la negociación colectiva, a la solución pacífica de los conflictos y a la huelga, de conformidad con lo previsto en el Título VII de esta ley, en cuanto sea compatible con la índole de los servicios que prestan y con las exigencias de la Administración Pública.

Los obreros al servicio de los entes públicos estarán amparados por las disposiciones de esta ley".

En similares términos se encuentra redactado, en el Decreto Ley que regula la materia laboral, el artículo 6, salvo en lo referido al asunto de género, y que el mismo incorpora un párrafo indicando que los "trabajadores contratados" se regirán por las normas contenidas en esa Ley, la seguridad social y el respectivo contrato.

sino que ante un vacío, puede aplicarse la normativa laboral tomando en cuenta las reglas de la argumentación jurídica.

Sin embargo, se ha entendido igualmente que salvo aquellas materias exclusivas reservadas a la Ley, el resto puede ser objeto de regulación entre las partes incluso a través de las convenciones colectivas; sin embargo, de la interpretación literal del derogado artículo 8 de la Ley Orgánica del Trabajo, y su correlativo artículo 6 en la normativa vigente, existen elementos estrictamente reservados a la Ley propia de la función pública, y los funcionarios públicos gozarán de los beneficios de esa ley laboral en lo que no esté previsto en los ordenamientos propios.

Para explicarlo de otra manera, tanto la Constitución como la normativa laboral han dejado en manos de las normas estatutarias, ciertas materias que sólo pueden ser reguladas por esas leyes estatutarias, que ya ponen una limitante diferencia entre lo laboral y lo funcionarial.

Aquellos puntos o materias que no sean de los considerados como materia reservada, pueden ser convencionalmente regulados, además que se reconoce de manera expresa el derecho de los funcionarios que ejercen cargos de carrera, a la negociación colectiva, solución pacífica de los conflictos y a la huelga.

Dentro de estos específicos límites surge la importancia de las situaciones administrativas, en el entendido que no existiendo una laboralización de la función pública -por lo menos a juicio de quien suscribe-, las situaciones administrativas son una de aquellas instituciones que marcan una acentuada diferencia entre lo funcionarial y lo laboral.

En las relaciones privadas o las regidas por el Derecho laboral, sólo bajo la noción de servicio activo se entiende que persiste la relación laboral, siendo que algunas otras situaciones donde el trabajador no presta sus servicios de manera personal se entienden -no en todos los casos- como causales de ruptura, interrupción o suspensión de la relación laboral.

En cambio, cuando de la función pública se trata, las situaciones administrativas constituyen la ficción bajo la cual, independientemente de que no se esté en activa y efectiva prestación de servicios; la prestación se realice para otro órgano o ente, o incluso no exista prestación efectiva a un órgano público, el vínculo se mantiene entre el funcionario y la Administración de origen o natural como si de servicio activo se tratara, razón por la cual no puede entenderse en la función pública -por lo menos en los casos que se revisarán-, que exista causal de suspensión de la relación[12].

Tal distinción entre la noción de trabajador y funcionario se patentiza cuando se verifica que el objeto de protección de la Ley Orgánica del Trabajo, es el trabajo en sí mismo como hecho social, y la protección del trabajador como sujeto especial de protección, mientras que las normas estatutarias, reconociendo expresos derechos de los funcionarios (incluso, en algunos casos superiores a los reconocidos por la legislación laboral), busca la protección, continuidad y eficiencia del servicio, que en definitiva deriva en beneficio de la sociedad.

La existencia de una situación administrativa, conlleva en sus efectos en que el vínculo se conserva con la Administración con la cual se mantiene el servicio como si de activo se tratara, lo cual incide en que la Administración natural o de adscripción, ejercerá las potestades y la obligaciones derivadas de la relación funcionarial y del principio de jerarquía, manteniendo esta Administración -en algunos casos- otras obligaciones, tales como el pago del sueldo correspondiente (comisión de servicios), y todos los casos de situaciones administrativas, genera la continuidad en el pago de prestaciones sociales y de los intereses sobre prestaciones cuando no se encuentre depositadas en fideicomiso (que lamentablemente parece constituir la norma por lo menos en la Administración Nacional, siendo excepcionales aquellos que mantienen el pago al día de los fidecomisos[13]).

Así, en algunos casos de situaciones administrativas, el funcionario no presta servicios a ningún órgano, y aun cuando no se le cancele el sueldo (permisos no remunerados o suspensión sin goce de sueldo), mantiene la relación funcionarial, continuidad en las prestaciones sociales en cuanto a la generación de los intereses de fideicomiso y, el tiempo resulta computable para la antigüedad, lo que repercute en días adicionales de prestaciones sociales, días de disfrute de vacaciones y acumulación del tiempo para gozar del beneficio de jubilación. En otros casos tampoco presta servicios (por ejemplo, reposos de muy

12 Hay quienes sostienen que el reposo constituye una causal de suspensión de la relación funcionarial. Respetando tal criterio, no puedo compartirlo, pues tal mención desdice de la referencia legal que estatuye que, en casos de permisos o licencias, así como en cualquier caso de situaciones administrativas, se reputa al funcionario como si de servicio activo se tratara.

13 Por lo menos lo que he podido observar en la práctica.

Uno de los peores ejemplo de tal situación, fue la cadena del 16 de septiembre de 2014, donde el Presidente de la República se comprometió a pagar las prestaciones sociales a más de 85.000 jubilados del Ministerio de Educación, reconociendo que existen casos no pagados de deudas por prestaciones, que remontan a 1995; es decir, una mora de más de 19 años, lo cual, en un país con una alta tasa inflacionaria -frente a un pago que en el mejor de los casos se le agregará a la deuda, los intereses moratorios-, constituye una evidente burla a los derechos de los trabajadores.

larga duración o permisos remunerados que pueden ser igualmente de larga duración), pero aparte de los beneficios anteriormente indicados se le continúa cancelando debidamente su sueldo con todos sus otros beneficios[14] (bonos, beneficio de alimentación, prestaciones sociales, etc.).

Puede ser que continúe prestando servicios a la Administración, pero lo hace en otro órgano o incluso un ente distinto, mientras el órgano de adscripción mantiene el pago de todos estos beneficios indicados, aun cuando no resulte beneficiado de la efectiva prestación de servicio, (como las comisiones de servicio, a título de ejemplo), manteniendo además la potestad para imponer sanciones en casos de faltas del funcionario, independientemente de que la falta no fuere cometida en el ejercicio de funciones en la Administración que impone la sanción.

Estos son algunos de los efectos y consecuencias de las situaciones administrativas.

Ahora bien las situaciones administrativas no son propias o exclusivas -en el caso venezolano- de los funcionarios regidos por la Ley del Estatuto de la Función Pública; en especial, cuando de acuerdo a la interpretación que habría de darse al artículo 144 Constitucional[15], en su relación con lo que expresamente establece el artículo 2 de la Ley del Estatuto de la Función Pública[16], pueden existir distintos estatutos

---

14 En este caso es donde podemos observar con más claridad la noción de situaciones administrativas, pues conforme a la legislación laboral, en los reposos médicos a partir del 4to día, la carga del pago del salario de conformidad con los artículo 9 de la Ley del Seguro Social y 141 de su Reglamento, así como el 73 del Decreto con Rango, Valor y Fuerza de Ley Orgánica del Trabajo, los Trabajadores y las Trabajadoras, los cuales señalan que corresponde el pago del sueldo al patrono en un 1/3 y al Instituto Venezolano de los Seguros Sociales en 2/3, mientras que si se trata de una enfermedad ocupacional, corresponde al patrono la totalidad del pago, de conformidad con los artículo 101 de la Ley Orgánica para la Prevención, Condiciones y Medio Ambiente del Trabajo y 86 de su Reglamento. Si se trata de un funcionario público en la misma situación, gracias a la ficción legal en el que se tiene como si se tratara de servicio activo, la Administración ha de cubrir la totalidad del sueldo.

15 144 de la Constitución de la República Bolivariana de Venezuela:

"La ley establecerá el Estatuto de la función pública mediante normas sobre el ingreso, ascenso, traslado, suspensión y retiro de los funcionarios o funcionarias de la Administración Pública, y proveerán su incorporación a la seguridad social.

La ley determinará las funciones y requisitos que deben cumplir los funcionarios públicos y funcionarias públicas para ejercer sus cargos".

16 Artículo 2 de la Ley del Estatuto de la Función Pública:

"Las normas que se refieran en general a la Administración Pública, o expresamente a los estados y municipios, serán de obligatorio cumplimiento por éstos.

Sólo por leyes especiales podrán dictarse estatutos para determinadas categorías de funcionarios o funcionarias públicos o para aquellos que presten servicio en determinados órganos o entes de la Administración Pública".

funcionariales, amén de las normas que sobre la materia pueden dictar ciertos entes -como las Universidades, entre otros-. A esto se agrega aquellos actos dictados conforme a la potestad normativa que el Tribunal Supremo de Justicia le ha atribuido -indebidamente- a ciertos órganos de rango constitucional[17], basado en su pretendida autonomía, lo que nos puede llevar a distintas regulaciones de situaciones administrativas, o el solapamiento de situaciones administrativas, con tratamiento distinto.

Por otra parte, podríamos encontrarnos supuestos como el de algún funcionario que preste servicios a tiempo parcial (media jornada) en distintos organismos y que en uno de ellos se encuentre en servicio activo y en otro de permiso o reposo.

De allí, que podemos encontrar situaciones administrativas en cualquier órgano del Poder Público, sin contar algunas anormalidades que hemos conseguido en la práctica, de situaciones administrativas de un órgano público frente a particulares, que será revisadas en la consideración de las situaciones administrativas en particular.

Señalado lo anterior, resulta pertinente revisar las diferentes situaciones en las cuales el funcionario se considera como en servicio activo, razón por la cual debemos dedicar algunas líneas a lo que se entiende como servicio activo, como la primera de las situaciones administrativas.

---

17 Debo hacer la referencia que aun cuando el cúmulo de sentencias revisadas al respecto, les otorgan facultad a dichos órganos para normar en la materia; incluso, al estado de reconocer que las mismas tienen rango legal, no podemos compartir dicha apreciación, toda vez que la reserva que hace el artículo 144 es a la Ley, debiendo entenderse como la formal emanación del órgano legislativo, sin que pueda extenderse a otros instrumentos aun cuando se pretenda darles valor de Ley. De allí, que resulta cuestionable la legalidad de los actos dictados en ejecución de dichos instrumentos, cuando de actos reservados a la ejecución de una ley se trate.

CAPÍTULO II

DE LAS SITUACIONES ADMINISTRATIVAS

Corresponde revisar las diferentes situaciones administrativas, recogidas tanto en la Ley (referidas a la función pública como otras leyes especiales), Reglamento General de la Ley de Carrera Administrativa, como en estatutos especiales.

I. DEL SERVICIO ACTIVO

De esas nociones, la primera situación administrativa que debemos analizar es la del funcionario activo, que conforme al artículo 70 de la Ley del Estatuto de la Función Pública constituye la primera de las situaciones administrativas. Es la situación natural del empleado público. Se entiende por servicio activo aquél en que el funcionario ejerce efectiva, palpable y ciertamente el cargo que ocupa dentro de la Administración con la cual mantiene la relación o a la cual se encuentra adscripto.

Debo hacer la acotación que en el caso de la comisión de servicios (una específica situación administrativa), el funcionario ejerce un cargo de manera efectiva (servicio activo), no en su Administración natural, o con la cual mantiene el vínculo, sino en otra ajena y distinta. En este caso se encuentra efectivamente en servicio activo en el órgano comisionado y como si se tratara de servicio activo en el comitente, razón por lo cual se entiende que no presta servicios en la Administración de adscripción natural, pero se mantiene como si prestara servicios en ella.

La normativa española[1] amplía la noción bajo la cual se considera un funcionario como en servicio activo, 1) no sólo cuando ocupan el cargo del cuál es titular en la plantilla del órgano al que pertenece; 2) cuando el funcionario de carrera ejerce un cargo de libre nombramiento y remoción en el mismo órgano; 3) cuando ejercen comisiones de servicios de carácter temporal, bien en el propio órgano o en otro ente autorizado; 4) comisiones de servicio para participar en misiones de cooperación internacional, Entidades o Gobiernos extranjeros. Acogiendo dicha posición no cabe duda que un funcionario en comisión de servicios se encuentra en servicio activo, sólo que no en su Administración natural toda vez que presta sus servicios de manera

---

1 Al respecto véase el trabajo de Juan B. Lorenzo de Membiela, *Las situaciones administrativas de los funcionarios públicos*. Editorial Thomson Aranzadi. España 2004.

personal, en especial, en aquellos casos en que la comisión se acuerda en otro órgano de la Administración.

Por su parte -tal como lo indicáramos anteriormente- en Venezuela, la Ley de Carrera Administrativa[2] consideraba en servicio activo, sólo a los funcionarios de carrera, situación que fue salvada en la redacción del capítulo correspondiente en la vigente Ley del Estatuto de la Función Pública y que fue anteriormente indicado en el Reglamento General de la Ley de Carrera Administrativa.

En todo caso, nuestra legislación considera en servicio activo al funcionario que ejerza el cargo del cual es titular, o que se encuentre en comisión de servicio, traslado, permiso o licencia o en período de disponibilidad, sin que lo limite a los funcionarios de carrera.

De esta primera posición frente a la Administración o situación administrativa parten el resto de las situaciones administrativas, en el entendido, que en cualquiera de ellas se tiene al funcionario como si se tratara de servicio activo.

II. DE LA COMISIÓN DE SERVICIOS

Debe entenderse por comisión de servicios conforme a la normativa venezolana, la situación en la cual se encomienda de manera temporal, a un funcionario público, el ejercicio de un cargo diferente, pero de similar o superior nivel al que ejerce, bien en el mismo órgano o en un órgano distinto.

Esto nos lleva a considerar que el funcionario se encuentra en servicio activo en el comitente en razón de la ficción que se crea como situación administrativa, y de allí, que se mantengan todos los beneficios de ley y contractuales que le corresponden mientras ejerce efectiva y activamente otro cargo.

Dado su desarrollo en la legislación nacional, recogido tanto en la normativa general de la función pública como en estatutos especiales, considero pertinente explanar mi posición conforme a aspectos generales de la comisión de servicios, para posteriormente desarrollar el punto de acuerdo con algunos estatutos especiales.

---

2 Ley de Carrera Administrativa, publicada en G.O. N° 1.745 Extraordinario de fecha 23 de mayo de 1975, vigente hasta la publicación de la Ley del Estatuto de la Función Pública en fecha 23 de junio de 2002.

1. *ASPECTOS GENERALES DE LA COMISIÓN DE SERVICIOS*

De conformidad con el artículo 71 de la Ley del Estatuto de la Función Pública[3], la comisión de servicio es

> ...la situación administrativa de carácter temporal por la cual se encomienda a un funcionario o funcionaria público el ejercicio de un cargo diferente de igual o superior nivel del cual es titular. Para ejercer dicha comisión de servicio el funcionario o funcionaria público deberá reunir los requisitos exigidos para el cargo.
>
> La comisión de servicio podrá ser realizada en el mismo órgano o ente donde presta servicio o en otro de la Administración Pública dentro de la misma localidad.
>
> Si el cargo que se ejerce en comisión de servicio tuviere mayor remuneración, el funcionario o funcionaria público tendrá derecho al cobro de la diferencia, así como a los viáticos y remuneraciones que fueren procedentes.

A diferencia de la Ley de Carrera Administrativa, la Ley del Estatuto de la Función Pública regula con mayor amplitud la comisión de servicios, siendo en ambos casos desarrollada por el Reglamento General de la Ley de Carrera Administrativa. En efecto, la Ley de Carrera Administrativa respetando el ámbito de aplicación a la cual se refería, limitaba la posibilidad de la comisión de servicios a la realizada dentro de la Administración Pública Nacional[4], mientras que la vigente Ley del Estatuto de la Función Pública, al no establecer límite alguno y siendo que su ámbito abarca tanto la Administración Pública Nacional, como la de los estados y municipios, ha de entenderse que dicha situación puede presentarse indistintamente entre entes u órganos sin importar el ente territorial de que se trate[5].

---

3 Ley del Estatuto de la Función Pública. G.O. N° 37.522 del 6 de septiembre de 2002.

4 En anteriores oportunidades he expuesto mi posición en torno a la aplicación de la Ley de Carrera Administrativa de manera exclusiva a la Administración Pública Nacional, tal como lo sostuve en mi trabajo especial de grado, así como el trabajo "De la función pública en el municipio", publicado en *Temas de Derecho Constitucional y Administrativo. Libro homenaje a Josefina Calcaño de Temeltas*, FUNEDA, Caracas 2010) pues si bien es cierto, el artículo 122 de la Constitución de 1961 establecía tal límite, no es menos cierto que dicho articulado se encontraba ubicado en el Capítulo I del Título IV, referido a las generalidades del Poder Público. De allí, que, si la intención del constituyente hubiere sido que la ley se encontrara limitada al ámbito de la Administración Pública Nacional, lo hubiere ubicado en el capítulo II del mismo título, referido a la competencia del Poder Nacional.

5 Si bien es cierto, el artículo 71 del Reglamento General de la Ley de Carrera Administrativa, aún vigente, establece que la comisión de servicio consiste en la misión en otra dependencia del mismo organismo o en cualquier otra de la Administración Pública Nacional, entendiéndose como una limitante, ha de considerarse que la misma carece de sentido una vez que se amplió el ámbito de aplicación de la Ley.

Otro aspecto que merece destacarse en el punto que nos ocupa, es que la Ley de Carrera Administrativa preveía las situaciones administrativas con respecto a los funcionarios de carrera, al indicar en su artículo 50: "Se considera en servicio activo a los funcionarios de carrera que desempeñen el cargo correspondiente en el organismo al que pertenezcan o bien que se les haya concedido una comisión de servicios de carácter temporal[6] en otro cargo de su propio organismo o de otro organismo de la Administración Pública Nacional...".

Por su parte, la Ley del Estatuto de la Función Pública, no limita ninguna de las situaciones administrativas a los funcionarios de carrera, como hicimos referencia anteriormente, sino que refiere al funcionario público (en general), manteniendo la misma tendencia en las comisiones de servicio. Tal mención ha de recordarse cuando sean revisados los estatutos especiales -que será objeto de análisis posterior-, toda vez que muchos de ellos mantienen algunas de las situaciones administrativas, como propias de los funcionarios de carrera.

A su vez, el Reglamento General de la Ley de Carrera Administrativa[7] establece que la comisión de servicio puede implicar el desempeño de un cargo diferente siempre que el funcionario llene los requisitos del cargo a ejercer y sea ese cargo de igual o superior nivel al que ejerce en el órgano de adscripción, lo cual conlleva a que, por argumento en contrario, se prohíbe la comisión de servicios para ejercer cargos inferiores, aun cuando se mantenga o mejore el nivel remunerativo. Cuando exista diferencia de remuneración entre los cargos, el funcionario tiene derecho a percibir esa diferencia, así como los viáticos y demás remuneraciones si fueren procedentes.

2. *Consecuencias de la comisión de servicios*

Dijimos anteriormente que esta particular situación administrativa tiene matices propios, pues el funcionario mantiene el vínculo con la Administración de adscripción, comitente o natural, como si de servicio activo se tratare, mientras presta efectivamente servicio activo en otro órgano. En la práctica, por su naturaleza de situación administrativa que lo asimila al funcionario activo, se entiende que el funcionario en comisión de servicio mantiene el vínculo con la

---

6 Considero que un elemento definitorio indispensable en la comisión de servicio es precisamente la temporalidad, toda vez que, si existe permanencia, se modifica la naturaleza de la relación, convirtiéndose en un traslado o transferencia.

7 Reglamento General de la Ley de Carrera Administrativa. G.O. N° 2.905 Extraordinario del 18 de enero de 1982, aún vigente en lo que no colida con la Ley del Estatuto de la Función Pública.

Administración natural o del cargo del cual es titular. Siendo ello así, tiene varias consecuencias prácticas, tales como:

a. El funcionario se somete a la dirección y supervisión de la autoridad del organismo al cual fue asignado. Se vincula jerárquicamente con la autoridad del comisionado.
b. Pese a lo anterior, cuando se ejerce el cargo en un órgano distinto, el jerarca del órgano donde se cumple o se ejerce funciones en comisión de servicios carece de la posibilidad de imposición de sanciones de destitución.
c. Como consecuencia de lo anterior, en caso de que la falta fuere cometida en el sitio donde se ejerce la comisión de servicios, el jerarca del órgano comisionado solo podrá recabar la información necesaria en etapas preliminares a los fines de remitirlo al comitente para que se ordene abrir la averiguación correspondiente conforme al procedimiento previsto en la Ley del Estatuto de la Función Pública.
d. Por tratarse de una situación administrativa que lo asimila a la prestación activa de servicios en el comitente, éste sigue cancelando los sueldos y demás emolumentos correspondientes. La Administración de adscripción por comisión de servicio, deberá cancelar cualquier diferencia en cuanto al sueldo y complementos asignados al cargo, si los hubiere. Como consecuencia de ello, el órgano donde ejerce la comisión deberá aportar al órgano comitente lo correspondiente a la cuota parte de prestaciones sociales por la diferencia en el pago de los sueldos correspondientes.
e. Aun cuando al funcionario le convenga pertenecer a la caja de ahorro del sitio de adscripción, ha de mantenerse en la de la Administración natural, toda vez que se trata del sitio con el cual existe un vínculo con carácter de permanencia, que, en todo caso, por seguir cancelando el sueldo ha de cancelar el resto de los beneficios.
f. El pago de viáticos deberá ser el correspondiente al cargo que ejerce efectivamente así como el porcentaje a percibir si tal fuere el caso a cargo del comisionado, toda vez que sería la Administración que ha de beneficiarse con el traslado la que debe generar el viático[8].
g. Al tratarse de una situación administrativa que implica la ficción de servicio activo en el órgano comitente, ha de preservarse el

8 Debe tomarse en cuenta que, en la Administración Pública, los viáticos se generan en razón del grado del funcionario que lo genera. En todo caso, si acompañan a funcionarios de mayor jerarquía, se calcula en base al funcionario de más alta jerarquía.

cargo en el mismo, en especial si se trata de un funcionario de carrera, lo cual implica el derecho absoluto del funcionario de carrera a ser reincorporado de manera inmediata a su cargo, una vez concluya la comisión de servicios.

h. Esta última aseveración nos lleva al punto de estabilidad, toda vez que la estabilidad se encuentra referida al cargo natural (destino en propiedad, citan los españoles) en caso de que se trate de un funcionario de carrera, mas no puede pretenderse estabilidad o derecho de permanencia en el cargo ejercido en comisión de servicios, independientemente del tiempo servido a éste.

Como podrá observarse, se trata de una figura compleja que en muchos casos puede involucrar varios órganos y, por ende, varias estructuras organizativas, varios presupuestos, constituyendo a su vez una excepción al ejercicio de la potestad jerárquica y disciplinaria con respecto a la Administración comisionada. De allí, por tratarse de tan atípica figura, debemos precisar sus tipos.

3. *Tipos*

La legislación y doctrina española prevén dos tipos de comisiones de servicios: la voluntaria y la forzosa.

La comisión de servicio voluntaria, -conforme la legislación española- es aquella en la cual se provee de manera temporal un cargo de la Administración por razones de urgente necesidad a solicitud del funcionario, a otro destino y que reúne los requisitos establecidos en la ley para el desempeño del cargo. Tal figura constituye una forma de excepción al requisito de concurso para el desempeño de un cargo, y que, por lo general, se trata del ejercicio de un cargo de mayor jerarquía o ubicado en otro grado dentro de la escala.

Por su parte, en el caso de la comisión de servicios forzosa, el artículo 64 del Reglamento General de Ingreso del Personal al Servicio de la Administración General del Estado y de Provisión de Puestos de Trabajo y Promoción Profesional de los Funcionarios Civiles de la Administración General del Estado[9] de España, establece que:

Artículo 64. Comisiones de servicios.

1. Cuando un puesto de trabajo quede vacante podrá ser cubierto, en caso de urgente e inaplazable necesidad, en comisión de servicios de carácter voluntario, con un funcionario que reúna los requisitos establecidos para su desempeño en la relación de puestos de trabajo.

9 Real Decreto 364/1995, de 10 de marzo.

2. Podrán acordarse también comisiones de servicios de carácter forzoso.

   Cuando, celebrado concurso para la provisión de una vacante, ésta se declare desierta y sea urgente para el servicio su provisión podrá destinarse con carácter forzoso al funcionario que preste servicios en el mismo Departamento, incluidos sus Organismos autónomos, o Entidad Gestora de la Seguridad Social, en el municipio más próximo o con mejores facilidades de desplazamiento y que tenga menores cargas familiares y, en igualdad de condiciones, al de menor antigüedad.

3. Las citadas comisiones de servicios tendrán una duración máxima de un año prorrogable por otro en caso de no haberse cubierto el puesto con carácter definitivo y se acordarán por los órganos siguientes:
   a. La Secretaría de Estado para la Administración Pública, cuando la comisión suponga cambio de Departamento ministerial y se efectúe en el ámbito de los servicios centrales, o en el de los servicios periféricos si se produce fuera del ámbito territorial de una Comunidad Autónoma y, en ambos casos, previo informe del Departamento de procedencia.
   b. Los Subsecretarios, en el ámbito de su correspondiente Departamento ministerial, así como entre el Departamento y sus Organismos autónomos y, en su caso, Entidades Gestoras.
   c. Los Presidentes o Directores de los Organismos autónomos y de las Entidades Gestoras y Servicios Comunes de la Seguridad Social, respecto de los funcionarios destinados en ellos.
   d. Los Delegados del Gobierno y Gobernadores civiles, en el ámbito de sus respectivas competencias, cuando se produzcan entre servicios de distintos Departamentos, previo informe del Departamento de procedencia.

4. Si la comisión no implica cambio de residencia del funcionario, el cese y la toma de posesión deberán producirse en el plazo de tres días desde la notificación del acuerdo de comisión de servicios; si implica cambio de residencia, el plazo será de ocho días en las comisiones de carácter voluntario y de treinta en las de carácter forzoso.

5. El puesto de trabajo cubierto temporalmente, de conformidad con lo dispuesto en los apartados 1 y 2 del presente artículo, será incluido, en su caso, en la siguiente convocatoria de provisión por el sistema que corresponda.

6. A los funcionarios en comisión de servicios se les reservará el puesto de trabajo y percibirán la totalidad de sus retribuciones con cargo a los créditos incluidos en los programas en que figuren dotados los puestos de trabajo que realmente desempeñan.

Se infiere que, en todo caso, privaría la comisión voluntaria sobre la forzosa; pero si no existieren solicitudes voluntarias, lo importante es la permanencia y continuidad en la prestación y eficiencia del servicio, por lo que cuando se celebrare el concurso y sea declarado desierto, siempre que exista urgencia -lo cual exige una motivación-, podrá destinarse la provisión forzosa del cargo.

En el caso venezolano, y conforme el artículo 72 de la Ley del Estatuto de la Función Pública, la comisión de servicio será de obligatoria aceptación. Tal mención equipará a la situación de comisión forzosa de la legislación española, toda vez que aun cuando el funcionario pueda voluntariamente ofrecerse para la realización de la comisión de servicio, cuando sea acordada, el funcionario debe necesariamente aceptarla y, por interpretación en contrario, no podrá negarse a cumplirla, en especial si se trata de la misma localidad.

Si bien es cierto que, no existe mención aparente en la ley que haga presumir la exigencia de una debida motivación (como es el supuesto de urgente necesidad en el caso español de comisión de servicio forzosa), cuando se trata de distintos órganos de la Administración, habrá necesariamente de acordarse mediante un acto motivado que justifique por qué un funcionario que se mantiene activo en la nómina del órgano, está prestando servicios en otro organismo; pero en especial, la justificación del porqué es necesario ocupar un cargo con personal temporal, lo cual conlleva a la necesidad de justificar tanto el órgano comitente como el comisionado, que ha de cubrirse en la solicitud a que alude el artículo 74 del Reglamento General de la Ley de Carrera Administrativa, que establece que el organismo en el cual ha de cubrirse la comisión deberá solicitarla "...especificando tiempo, objeto, monto de los viáticos si fueren procedentes, lugar y demás circunstancias que se juzguen necesarias". Esas "demás circunstancias que se juzguen necesarias" han de abarcar necesariamente la justificación del por qué se necesita un funcionario con el perfil de una determinada persona, que justifique la necesidad que un funcionario que presta servicios para un organismo, ha de prestar servicios en otro, aun cuando mantenga la vinculación estatutaria con el primero.

No se trata del mero capricho o interés de alguno de los factores personales que intervienen, sino la comprobada necesidad de acuerdo al perfil del funcionario, su comprobada experiencia en un área específica, lo cual en la práctica difícilmente se verifica, sino que por lo general se trata de una mera solicitud escueta entre los órganos.

4. *Requisitos*

A su vez, el artículo 75 del Reglamento General de la Ley de Carrera Administrativa prevé que "la comisión de servicio se ordenará mediante decisión [acto] que exprese": (1) El cargo y su ubicación; (2) El objeto; (3) Fecha de inicio y duración; (4) La identificación del funcionario distinto al superior inmediato, si se realiza bajo su dirección; (5) Si implica o no suspensión temporal de las funciones inherentes al cargo del cual es titular; (6) El organismo pagador, si se causan viáticos; (7) La diferencia de remuneración que deberá pagar el organismo donde se cumpla la comisión; y (8) Cualquier otra circunstancia que la autoridad administrativa juzgue necesaria.

Hay casos en que la justificación se encuentra en la necesidad de contar con un personal altamente calificado del cual carece el órgano y puede resultar si no excedentario, suficiente en otro órgano; en otros, la necesidad de cubrir un cargo que, siendo vital no puede dejar de ejercerse, toda vez que, salvo contadas excepciones (caso docente), no existe la figura del suplente. Sin embargo en la práctica esta figura se ha prestado para múltiples tergiversaciones, toda vez que en oportunidades ha servido para desentenderse de una persona que quizás pueda resultar indeseable en un órgano, constituyendo casi una sanción o como una forma de separar a la persona aun cuando sea temporalmente; o en otros casos, ante la cercanía o afinidad con un jerarca, obtener un cargo "de confianza", incluso, con actos que motivan de manera "formalmente" suficiente el requerimiento, o la forma de separar a un funcionario a quien se quiere proteger, de quien se supone o presume lo quiere perjudicar.

5. *Duración*

Con referencia al lapso de duración de la comisión de servicio se tiene que de conformidad con el artículo 72 la Ley del Estatuto de la Función Pública "...deberán ser ordenadas por el lapso estrictamente necesario, el cual no podrá exceder de un año a partir del acto de notificación de la misma".

Ante la contundencia de la norma citada, sólo puede llegarse a la conclusión de que la comisión podrá prorrogarse las veces que se quiera, siempre que **el lapso de duración total de la comisión no exceda un año**. De allí que, si el lapso acordado para la comisión es de un año, no podrá ser prorrogado por haber agotado el lapso máximo de duración y, en caso de que se hubiere acordado por un lapso menor, prorrogarse por el tiempo restante al cumplimiento de un año, sin que exceda dicho año.

La anterior aseveración cobra mayor sentido, cuando se observa que la intención es que la comisión, sea una situación siempre de carácter temporal, y dentro de la temporalidad ha de existir una definición (temporal definida), pues de lo contrario ha de proveerse la ocupación definitiva del cargo. El Reglamento General de la Ley de Carrera Administrativa ratifica el lapso de duración en cuanto no puede exceder de doce meses, aclarando el artículo 74 *eiusdem* dos situaciones definidas:

a. Si la ausencia o vacante es temporal, la comisión podrá ordenarse por el término de aquella. Tal situación opera cuando la temporalidad puede estar perfectamente determinada, tal como sucede si el titular del cargo se encuentra disfrutando de vacaciones, está desarrollando actividades académicas o tiene otro tipo de permiso delineado por la temporalidad, siempre que conforme con la norma no exceda de un año[10].
b. En caso de vacancia definitiva, la comisión no podrá exceder de tres meses. Esta última condición se justifica, en tanto y en cuanto, si existe una vacante, lo lógico, normal y recomendable es que dicha vacante se cubra de manera definitiva y no temporal, de forma tal que la comisión de servicio sirva para atender la urgencia en cubrir el cargo, y si se trata de un cargo de carrera, debe llamarse al concurso, bien para el ingreso o bien para el ascenso, mientras que si se trata de un cargo de libre nombramiento y remoción, debe ocuparse igualmente de manera definitiva con un nombramiento o designación.

Señalado lo anterior, habría de analizarse qué sucede si la comisión de servicios excede los doce meses.

En este caso ha de indicarse que aun cuando se trate de prórrogas, existe una evidente distorsión de la ley y una frontal desobediencia a los mandatos de la misma tanto por el comitente como por el comisionado, lo cual podría (y debería) acarrear consecuencias jurídicas tales como procedimientos sancionatorios al funcionario que autoriza la prórroga o aquél que otorga la comisión por un tiempo mayor al tope autorizado por ley por contravenir lo expresado en ésta; en especial, dada la obligatoriedad en la aceptación de la comisión de servicio, por lo que cualquier responsabilidad no le sería exigible al funcionario en comisión.

Hemos visto que, en lo referente al lapso de duración, entre las diferentes distorsiones que se encuentran en la práctica, se tiene que, en casos de cargos de libre nombramiento y remoción, se acuerda

10 Aun cuando debemos estar claros que no siempre los permisos tienen una temporalidad absolutamente definida, tal como sucede en los casos de reposo cuando los mismos suelen prorrogarse.

ocupar el cargo a través de una comisión de servicios, mientras que la persona designada mantiene congelado el cargo de carrera de manera indefinida. Se han encontrado casos en que a final de un período político determinado (bien sea presidencial, gobernadores, alcaldes, concejales, etc.), se le otorga al titular de un cargo de libre nombramiento y remoción, un nombramiento en un cargo de carrera -incluso, con supuesto o fingido concurso de por medio- y se designa a la misma persona como encargado o en comisión de servicios al mismo cargo que ocupaba anteriormente, a los solos fines de evitar un eventual y próximo retiro producto del cambio de jerarca.

6. *CAUSAS DE TERMINACIÓN DE LA COMISIÓN DE SERVICIOS*

Otra característica general es que la comisión de servicios es revocable o anulable, dependiendo de si existen razones de mérito u oportunidad, así como la existencia de vicios de nulidad, siempre que la revocatoria sea dictada por el mismo órgano que lo autorizó.

Dictado el acto debe notificarse de dicha decisión tanto al órgano comisionado como al funcionario, otorgando un lapso prudencial para que el funcionario pueda volver a su unidad de origen. Considero que el acto que decida extinguir la comisión de servicio otorgada debe encontrarse igualmente justificada; en especial si no se ha cumplido el lapso para el cual fue convenido. Las justificaciones podrían reposar en:

a. Que la comisión fue otorgada en contravención a la ley (1) Por otorgarse por un lapso que excede el lapso máximo legal. En este caso procedería la revocatoria por el lapso excedentario, una vez cumplido el plazo máximo permitido por la Ley; (2) Por tratarse de una prórroga otorgada vencido el lapso máximo previsto en la norma; o (3) Porque el funcionario no cumple los requisitos para ejercer el cargo sobre el cual fue acordada la comisión de servicios.
b. Por razones de servicio debidamente justificadas, tales como la necesidad en la unidad de origen de un funcionario con el perfil del funcionario comisionado.

En estos casos considero que el funcionario no puede aducir que la comisión debe mantenerse por el resto del tiempo acordado, siempre que la revocatoria o anulación -al igual que la comisión otorgada- se encuentre debidamente motivada.

Se presenta la interrogante de si el comisionado podría devolver al funcionario a su sitio de adscripción. Si partimos del principio que la comisión de servicio es un acto unilateral, dictado por el comitente (se ha de entender que en consenso con el jerarca del órgano comisionado), debe concluirse que el órgano comisionado debe solicitar al órgano comitente que dicte el acto expreso de revocatoria.

En aquellos casos en que vencida o revocada la comisión de servicios y el funcionario no vuelve a su sitio de origen sino que se mantiene en el ejercicio del cargo en misión, puede considerarse como una renuncia tácita al cargo de origen, toda vez que el acto que cubría o justificaba que se ejerciera un cargo en otro órgano, percibiendo el sueldo por el original o de adscripción decayó, aplicándose el principio recogido en nuestra Constitución referido a que la aceptación de un segundo destino público remunerado implica la renuncia del anterior. Siendo así y no existiendo cobertura legal para justificar su permanencia, se habría de entender que se hace por la voluntad del funcionario y del jerarca del comisionado, pero tal supuesto se encuentra con el obstáculo de que el funcionario no ejerce el cargo en condición de titularidad. En el peor de los casos, la Administración de origen ha de iniciar el procedimiento de destitución pues de no aceptar la noción de renuncia tácita, implica un abandono del cargo que constituye a su vez, causal de destitución.

7. *EFECTOS DE LA COMISIÓN DE SERVICIOS*

En otro orden de ideas se tiene que la comisión de servicios condiciona al respeto del ejercicio de la relación jerárquica del órgano comitente manteniendo la relación disciplinaria con el órgano de adscripción, en tanto y en cuanto el funcionario sigue adscrito a su órgano natural, con los derechos que otorga el cargo del cual es titular, pero presta sus servicios en otro cargo, que incluso puede ser en otro órgano, lo cual se patentiza en la redacción del artículo 76 del Reglamento General de la Ley de Carrera Administrativa al indicar:

> La comisión de servicio que hubiere de realizarse bajo la dirección o supervisión de un funcionario distinto a su superior inmediato, somete al comisionado a la autoridad de aquél.
>
> Para la destitución, el superior comisionado solicitará del comitente la apertura y sustanciación de la averiguación disciplinaria. La sanción la aplicará la máxima autoridad del organismo de origen.

Si se trata de la prestación de servicios en el mismo órgano, el problema se minimiza, toda vez que debemos entender que el máximo jerarca –quien en definitiva ejerce la gestión de la función pública– es el mismo y, en tal sentido, no sólo la potestad disciplinaria con respecto a la destitución la encabeza la misma persona, sino todo lo relativo a la administración de personal. Por otra parte, de acordarse la comisión entre distintos órganos la situación luce un poco más complicada, pues, tal como se indica en el Reglamento General de la Ley de Carrera Administrativa existe un traslado a la autoridad comisionada, lo que implica que los lineamientos dimanarán de ésta, y a ella se encuentra subordinada el funcionario mientras que la potestad disciplinaria se mantiene en el organismo natural.

Considero pertinente indicar que, a mi entender, en caso de iniciarse un procedimiento de carácter disciplinario, a los fines de hacerle frente y ejercer debidamente el derecho a la defensa el funcionario ha de volver al sitio natural de adscripción, lo cual puede representar un problema si la comisión de servicio implica un traslado a otra localidad.

En todo caso, de conformidad con las previsiones del artículo 77 del Reglamento comentado, al finalizar la comisión de servicios se hará una evaluación del funcionario, la cual considero que debe ser realizado por el superior inmediato o el máximo jerarca del organismo comisionado.

Otro aspecto que considero resaltar en cuanto a las comisiones de servicios es el relativo al beneficio de jubilación, el cargo ejercido y el sueldo correspondiente.

En situación ordinaria o activa de servicio el funcionario público, cumplidas las condiciones de tiempo de servicios y edad (conforme a los artículos 3, 5 o 6 de la Ley del Estatuto Sobre el Régimen de Jubilaciones y Pensiones de los Funcionarios o Funcionarias o Empleados o Empleadas de la Administración Pública Nacional, de los Estados y de los Municipios, según sea el caso), tiene derecho a la jubilación, en cuyo caso ha de calcularse el monto inicial de la jubilación de acuerdo a las previsiones de los artículos 7, 8 y 9 de la ley que regula las jubilaciones de los funcionarios, calculado sobre el sueldo básico y las compensaciones por antigüedad y servicio eficiente.

Puede que un funcionario de carrera se encuentre ejerciendo un cargo de alto nivel o de confianza en comisión de servicios, con un sueldo superior al que corresponde al cargo natural; de allí podrían derivar distintas situaciones:

a. Que lo jubilen del cargo que ejerce en comisión de servicios. Dicha posibilidad se enfrenta a los derechos que puede generar la comisión, pues si se indicó anteriormente que el cargo se ejerce en conocimiento pleno de su no permanencia ni titularidad, podría aducirse en este caso la jubilación no dependerá del sueldo que percibe en comisión; en especial, si se trata de órganos distintos que generan y gerencian sus propios sistemas de jubilación. En este caso, aun cuando no ejerza el cargo en condición de titularidad, no cabe duda que el sueldo y su complemento, forman parte de su remuneración, que necesariamente es el sueldo (que corresponde al cargo que ejerce) sobre el cual habrá de calcularse el beneficio de jubilación, pues una cosa es el derecho a permanecer en el cargo, y otra muy distinta el derecho a la jubilación y el sueldo sobre el cual ha de calcularse, pues el derecho nace en el ejercicio de un cargo, sin importar la condición del ejercicio del mismo (titular, encargado u otras figuras como suplente, interino, etc.). El funcionario adquiere el derecho a dicha jubilación, sobre el último cargo ejercido al otorgarse la jubilación.

En todo caso, no podría jubilarse con cargo a la Administración comisionada, pues la relación de titularidad de cargo y en virtud de la noción de situaciones administrativas que comentamos anteriormente, la relación funcionarial se mantiene con el órgano comitente.

b. Otra situación distinta, pero con efectos similares, es que, al cesar la comisión de servicios, el funcionario vuelva al ejercicio de su cargo natural y sobrevenga de manera inmediata o cercana la jubilación. En este punto, nuevamente el elemento a considerar es el sueldo que servirá de cálculo, siendo que el escenario resulta un poco más complicado, toda vez que el sueldo base de la jubilación se obtiene de promediar los últimos 24 meses, de los cuales una buena parte (a veces los dos años o más en contravención de la Ley) ha de calcularse sobre el sueldo que corresponde al cargo que ejerció en comisión de servicios, que no es el mismo al correspondiente al cargo sobre el cual se acuerda la jubilación. En este caso creemos que siendo la jubilación tomada sobre la base del sueldo correspondiente al cargo sobre el cual se jubila, es este sueldo el que marca igualmente el monto de jubilación.

8. Algunas irregularidades en la comisión de servicios

Se ha verificado que se acuerdan comisiones de servicios entre un órgano controlado y un órgano de control, como ha sucedido con tribunales, cuyos cargos de jueces han sido ejercidos en algunas oportunidades por funcionarios de la Administración sometida al control en la competencia que atañe al tribunal, en comisión de servicio en el Poder Judicial[11]. Dicho ejercicio podría traer ciertos inconvenientes, toda vez que quien ejerce como juez, sigue en los cuadros activos de la Administración, de quien obtiene el pago del sueldo, que, en oportunidades, es mayor que el sueldo ordinario de juez, siendo que a su vez tiene que conocer de causas propias de la Administración en la cual se encuentra en condición de activo, lo cual,

11 Un funcionario activo del SENIAT ejerciendo un cargo como juez tributario.

indudablemente genera inconvenientes e incompatibilidades y, aun así, no se inhibe del conocimiento de la acción judicial.

En otros casos, un funcionario adscrito a otro órgano, pero ejerce un cargo en comisión de servicios, cobra la totalidad del sueldo que le corresponde en la Administración comitente, así como la totalidad del sueldo asignado al cargo que ejerce en comisión de servicio. Siendo que en definitiva, ejerce sólo uno, se está lucrando indebidamente con dos sueldos, lo cual podría estar sujeto a repetición, además de la irregularidad que ello implica, pues teniendo el derecho a cobrar la diferencia para alcanzar la totalidad del sueldo asignado al cargo que ejerce, no genera derecho a cobrar doble remuneración, incurriendo en supuesto previsto en la Ley Orgánica de la Contraloría General de la República y Sistema de Control Fiscal, independientemente de la posible falta de probidad en que incurre.

Otra irregularidad la encontramos en el supuesto, en que por "contrato colectivo", si un funcionario ejerce un cargo en comisión de servicios por más de 6 meses, al volver al ejercicio del cargo natural, tiene derecho a continuar percibiendo el sueldo que corresponde al cargo ejercido en comisión, desvirtuando la reserva que del sueldo o remuneración efectúa el artículo 6 de la Ley Orgánica del Trabajo actual (ex artículo 8), lo cual impide que sea sometido a discusiones contractuales, así como el principio de "a igual trabajo igual sueldo". Por ejemplo, una secretaria, gracias a su afinidad con el jerarca, es nombrada directora bajo la figura de comisión de servicios; al volver a su cargo ordinario de secretaria, aplicando el criterio errado, su sueldo será el correspondiente al de director, cuando el resto de los funcionarios que ejercen la misma función mantienen su sueldo acorde al cargo que ejercen. De tal forma que, culminada la comisión, el funcionario ha de volver al cargo de adscripción natural, con el pago del sueldo correspondiente a dicho cargo.

Como extremo de las irregularidades que hemos podido observar en el ejercicio de actividades profesionales, es la "comisión de servicios" acordada en un ente (en el caso concreto se trataba de un Instituto de Policía Municipal), para que la persona ejerciera funciones en un despacho de abogado privado. Por supuesto, esta aberración no es más que una situación irregular y jamás considerada como una comisión de servicios, y que por demás debería acarrear responsabilidad para el jerarca que lo acordó, el funcionario que lo aceptó e incluso, los órganos de control que no actuaron o se percataron de lo irregular de la situación.

Se insiste, son casos de irregularidades que escapan al contenido estricto que marca la Ley.

9. *De la comisión de servicios en la legislación extranjera*

Cuando revisamos la comisión de servicio en la legislación extranjera, encontramos que el caso español existe una comisión de servicios de carácter especial, y es la referida para participar en programas o misiones de cooperación internacional, sometido a requisitos de reciprocidad y alta política. En este supuesto, la Comisión Superior de Personal, como órgano colegiado de coordinación, documentación y asesoramiento para la elaboración de la política de personal al servicio de la Administración del Estado, de acuerdo con los criterios que establezca el Ministerio de Asuntos Exteriores, regula las comisiones de servicio para participar en esas misiones manteniendo la relación con el comitente.

En estos casos, en razón de las instituciones comunes de la Comunidad Europea como organismos supranacionales conlleva la necesidad de estas normas, además de la cooperación internacional ordinaria que podría verificarse en cualquier tiempo. A situaciones similares y por efecto de la globalización -a lo cual no es ajena Venezuela- pudiera dar a pensar, la posibilidad del otorgamiento de una figura similar que no se encuentra prevista en nuestra legislación, lo cual sería inviable con la forma de redacción actual de nuestras normas, más sí sería posible el permiso potestativo que con carácter abierto prevé el Reglamento General de la Ley de Carrera Administrativa.

En el caso colombiano, la comisión de servicio surge como un derecho del funcionario, cuando ha obtenido sobresalientes evaluaciones y puede durar hasta 6 años. Así, el artículo 26 de la Ley 909 de 2004, que reglamenta la situación administrativa indica:

> Los empleados de carrera con evaluación de desempeño sobresaliente, tendrán derecho a que se les otorgue comisión hasta por el término de tres años en períodos continuos o discontinuos, pudiendo ser prorrogado por un período igual, para desempeñar empleos de libre nombramiento y remoción o por el término correspondiente cuando se trate de empleos de período fijo, para los cuales hubieren sido nombrados o elegidos en la misma entidad a la cual se encuentran vinculados o en otra. En todo caso, la comisión o la suma de ellas no podrá ser superior a seis años, so pena de ser desvinculado del cargo de carrera administrativa en forma automática.

En dicho caso, se obtendría una ruptura del criterio que hemos sostenido en cuanto esta situación administrativa priva al servicio y no a la persona; sin embargo, no deja de lucir interesante la postura como derecho subjetivo en ciertos casos.

Señalado lo anterior, considero pertinente explorar cómo en algunos de los estatutos especiales venezolanos, se regula la comisión de servicios, frente al régimen general que someramente acabamos de revisar y destacar, de existir, algunas situaciones anómalas.

10. *DE LAS COMISIONES DE SERVICIO EN ESTATUTOS ESPECIALES*

Aun cuando la normación de la función pública en estatutos especiales requiere mención expresa de rango legal, el Tribunal Supremo de Justicia ha sostenido otra posición al respecto cuando no se dictan bajo el amparo de una ley formal y materialmente considerada, declarando que es posible que ciertos órganos de rango Constitucional, en aplicación de su autonomía normativa dicten instrumentos que regulen aspectos propios de la función pública como si de leyes se tratara.

En otros casos ha indicado que resulta ajustado a derecho dictar estatutos propios en aquellos casos en que la Ley lo autoriza (lo cual a mi parecer resulta un contrasentido ya que no se trata que el legislador pueda autorizar a dictar actos que sólo corresponde a la Ley) y en otros ha señalado que pueden dictarse ciertos estatutos cuando se trata meramente de organización, siendo que en este último caso podría afectar, contradecir o ampliar indebida y directamente regulaciones legales que tiende a proteger un aspecto tan vital en la función pública como es la estabilidad. Tal es el caso de la sentencia de la Sala Constitucional del Tribunal Supremo de Justicia, número 253 del 9 de marzo de 2012, donde conociendo de una sentencia que aplica el control difuso de un instrumento dimanado de una contraloría estadal, dispuso:

> Si la carrera es entonces la regla y la condición de libre nombramiento y remoción es la excepción, resulta obvia la inconstitucionalidad de cualquier norma que pretenda invertir tal situación. De hecho, los tribunales de lo contencioso administrativo con competencia en lo funcionarial siempre han sido celosos en proteger ese principio, lo que ha llevado a innume-rables anulaciones de actos administrativos de remoción en distintos entes públicos.
>
> Ahora bien, aun siendo materia de la reserva legal, la Sala estima que es constitucionalmente válido que el legislador faculte a autoridades administrativas para dictar estatutos funcionariales dentro de los parámetros y límites que determine la ley. Tal es el caso, de la Ley Orgánica de la Contraloría General de la República y del Sistema Nacional de Control Fiscal, la cual atribuye al Contralor General de la República la facultad de dictar el Estatuto de Personal del Organismo a su cargo, que debe

definir la clasificación de los cargos, y determinar cuáles de ellos serán de libre nombramiento y remoción en atención al nivel o naturaleza de sus funciones...

En este orden de ideas, es posible afirmar que no es necesario que los estatutos de personal estén contenidos en leyes, siempre que sea clara la voluntad del legislador de delegar ese poder o facultad para establecerlos (*V.gr.* Artículos 8,12 al 15, 52 y 53 de la Ley del Estatuto de la Función Pública).

En principio, sólo la ley puede contener normas sobre los funcionarios públicos, pero el legislador puede encomendar a la Administración (Ejecutivo u órganos desconcentrados y entes descentralizados) la competencia para dictar el estatuto de personal, sin que puedan incluirse en esa delegación aspectos que escapen de la deslegalización, tales como los de contenido sancionatorio y los demás que se han dispuesto en la Constitución de la República Bolivariana de Venezuela.

Ahora bien, respecto a las Contralorías Estadales la Constitución de la República Bolivariana de Venezuela en su artículo 163, señala:

> Artículo 163. Cada Estado tendrá una Contraloría que gozará de autonomía orgánica y funcional. La Contraloría del Estado ejercerá, conforme a esta Constitución y la ley, el control, la vigilancia y la fiscalización de los ingresos, gastos y bienes estadales, sin menoscabo del alcance de las funciones de la Contraloría General de la República. Dicho órgano actuará bajo la dirección y responsabilidad de un Contralor o Contralora, cuyas condiciones para el ejercicio del cargo serán determinadas por la ley, la cual garantizará su idoneidad e independencia; así como la neutralidad en su designación, que será mediante concurso público.

Se quiere significar con ello que, de acuerdo con esta norma constitucional, las Contralorías de los Estados tienen el atributo de la autonomía funcional; razonamiento que ha fijado esta Sala en Sentencia N° 1300/2007 del 26 de junio de 2007. Esta autonomía, en criterio de esta Sala abarca la potestad de administrar el personal a su servicio, lo cual ha sido desarrollado por la Ley Orgánica de la Contraloría General de la República y del Sistema Nacional de Control Fiscal. Efectivamente, dicho cuerpo normativo consagra que las Contralorías de los Estados pertenecen al llamado Sistema Nacional de Control Fiscal (artículos 24 y 26 *eiusdem*); ley que a su vez en su artículo 44, ratifica la mencionada autonomía funcional y administrativa. De este modo, el aludido artículo dispone:

> Artículo 44. Las Contralorías de los estados, de los distritos, distritos metropolitanos y de los municipios, ejercerán el control, vigilancia y fiscalización de los ingresos, gastos y bienes de los órganos y entidades centralizados y descentralizados sujetos a su control, de conformidad con la Ley, y a tales fines gozarán de autonomía orgánica, funcionarial y administrativa.
>
> Expuesto lo anterior, es claro que las Contralorías de los Estados están investidas de una autonomía orgánica, funcional y administrativa, conceptos éstos que comprenden la libertad de dirección, de estructura, de organización o asignación de atribuciones, de designación, de remoción, de la calificación del funcionario de confianza o alto nivel; siempre ajustado al más estricto margen de observación de las normas constitucionales y legales que así estén previstas.
>
> En atención a lo anteriormente señalado, esta Sala, declara la constitucionalidad del artículo 5° de la Resolución N° 0014-2005, dictada por la Contraloría del Estado Miranda, interpretado como se ha hecho en este fallo, es decir, como una norma administrativa que dicta en materia de administración de personal una clasificación de los cargos de la Contraloría del Estado Miranda, regulando el ámbito funcionarial del aludido ente contralor.

Manifestando mi posición contraria respecto al criterio anteriormente transcrito, pues considero que lejos de restaurar el debido cauce que ha de imponerse a la Administración, en tanto la sujeción a la Ley, se le hace un flaco favor al Estado de Derecho, cuando sólo busca justificar la actuación de la Administración, independientemente de lo alejado que se encuentra de la Ley; pero lo que es peor aún, al texto constitucional. Considero pertinente revisar brevemente las previsiones que, sobre la comisión de servicio, se ha regulado en algunos estatutos especiales y de ser el caso, compararlo con las previsiones de la Ley del Estatuto de la Función Pública, debiendo hacer la salvedad que la mayoría de los estatutos revisados copian al calco o en términos muy similares las mismas previsiones contenidas en la Ley del Estatuto de la Función Pública, razón por la cual haremos referencia sólo a las particularidades.

A. *MINISTERIO PÚBLICO*

El Reglamento Interno de la Fiscalía General de la República[12] regula en sus artículos 47 y 48 la comisión de servicios, cuyo ámbito de aplicación alcanza a los fiscales, funcionarios y empleados, para ser

12 G.O. N° 36.654 Extraordinario del 4 de marzo de 1999.

ejercida en el mismo organismo o en cualquier otro órgano del Poder Público. Debemos destacar la relación entre la normativa general recogida en la Ley del Estatuto de la Función Pública y muchos de los estatutos especiales, con la particular redacción del estatuto del Ministerio Público, que al igual que la normativa de la Asamblea Nacional, se refieren a órganos del "Poder Público"[13], mientras que la normativa general refiere a la comisión de servicio entre órganos de la Administración Pública.

Otro elemento que distingue el estatuto del Ministerio Público a lo previsto en la Ley es la indefinición en cuanto a la duración de la comisión de servicios, toda vez que mientras la Ley Nacional establece un plazo máximo de doce meses, el Estatuto de la Fiscalía prevé que el Fiscal General de la República, en cada caso, determinará la duración de las comisiones de servicio. Hemos sostenido que el límite máximo en las comisiones de servicios tiene su fundamento en la temporalidad y en muchos casos de carácter breve. Así, si se requiere de mayor tiempo y se encuentra vacante el cargo, la buena gerencia pública recomienda que se cubra de manera definitiva y no a través de ésta particular situación administrativa. Por tal razón, la prudencia aconseja que la comisión de servicios, independientemente de que la norma no imponga límites temporales, no supere el plazo indicado en la Ley Nacional.

B. *Asamblea Nacional*

Por su parte el Estatuto Funcionarial de la Asamblea Nacional[14] regula las comisiones de servicios tanto internas como en cualquier otro órgano del Poder Público, en similares términos que el Estatuto de la Fiscalía General de la República, y de manera análoga no limita la comisión de servicios a un año sino que establece que la misma podrá acordarse hasta por veinticuatro meses, imponiendo un límite temporal mayor pero preciso; sin embargo, la misma crítica que se le hace al estatuto de la Fiscalía ha de realizarse al estatuto del legislativo nacional, toda vez que dichos lapsos desnaturalizan la buena gerencia pública.

Tomando en consideración que la norma de manera expresa prevé lapsos de duración distintos al de la legislación general en la materia, podemos encontrarnos una comisión de servicios entre uno de estos organismos y otro regulado por la Ley del Estatuto de la Función Pública, en cuyo caso considero que independientemente de cuál sea el comitente y el comisionado, y el criterio que se aplique en cuanto

13 Considero más adecuado referirse al Poder Público.

14 G.O. N° 37.598 del 26 de febrero de 2002.

a si el Fiscal General o el Presidente de la Asamblea tienen el más amplio poder discrecional y puedan decidir a su albedrío el lapso de duración, la comisión se ha de reducir al máximo de doce meses previsto en la Ley del Estatuto de la Función Pública, toda vez que el órgano sometido a la Ley del Estatuto no puede desconocerla, bien sea en condición de comitente o comisionado; de tal forma que, aun cuando haya sido acordada la comisión de servicio por más de un año, si se envía al funcionario en comisión, debe requerirse su vuelta en el término máximo de un año, y en caso que lo reciba en comisión, al término máximo de un año ha de ponerse nuevamente a la orden del comitente.

C. *S.E.N.I.A.T.*

El Estatuto de Personal del Servicio Nacional Integrado de Administración Aduanera y Tributaria (SENIAT)[15], recoge la normativa general sobre la materia agregando en su artículo 87 que los miembros de la Junta Directiva del Sindicato, dentro de los tres días laborables siguientes a su elección, durante el ejercicio de sus funciones sindicales y hasta tres meses siguientes a la pérdida del carácter de miembro sindical, no podrán ser trasladados ni enviados en comisión de servicios, acogiendo para sí, consecuencias que el fuero sindical otorga en materia laboral.

Con muy buen tino, el Estatuto del SENIAT establece el elemento temporal, diferenciándolo de si existe o no vacancia absoluta señalando: "Artículo 83: La duración de la comisión de servicio no podrá exceder de doce (12) meses, contados a partir de la fecha de la notificación de la decisión de la máxima autoridad administrativa correspondiente. En caso de ausencia temporal del titular del cargo, la comisión podrá ordenarse por el término de ésta. Si la vacancia fuere definitiva, la comisión de servicio no excederá de tres (3) meses".

Por su parte, el mismo estatuto exige los requisitos que ha de contener el acto administrativo que ordene la comisión de servicio, entre los cuales incluye la debida justificación, expresando el artículo 85:

> Artículo 85: La decisión que ordene la comisión de servicio deberá expresar:
>
> 1. La identificación del funcionario designado en comisión;
> 2. El cargo a desempeñar y su ubicación administrativa;
> 3. La misión y justificación de la comisión;

15 G.O. N° 38.292 del 13 de octubre de 2005.

4. La duración, a partir de la fecha de notificación al funcionario o especificando la fecha de inicio y de culminación.
5. Las funciones que desempeñará en la dependencia correspondiente;
6. Especificación sobre la diferencia de remuneración que deberá pagar la dependencia destino, si fuere procedente;
7. Cualquier otra circunstancia que se considere necesaria especificar.

Pese a lo bien determinado que establece lo referente a la comisión de servicio, el estatuto contempla también lo referido a la "encargaduría"[16], sin que se consiga diferencia alguna con la comisión de servicios, ni en los supuestos de procedencia ni en sus efectos toda vez que el artículo 91 del estatuto contempla que lo no regulado en lo referente a la encargaduría se suplirá con las disposiciones referentes a las comisiones de servicio. Los artículos referentes a la encargaduría como situación administrativa establecen:

> Capítulo VI
>
> De las Encargadurías
>
> Artículo 88: La encargaduría es la situación administrativa especial en que se encuentra el funcionario de carrera aduanera y tributaria a quien se le ordena suplir las faltas temporales del titular de un cargo de libre nombramiento y remoción del SENIAT.
>
> Artículo 89: A los efectos del presente Estatuto, se tendrán como faltas temporales el disfrute de uno o varios períodos vacacionales del titular del cargo, la enfermedad o el accidente que implique reposos médicos sucesivos del referido titular, así como cualquier otro tipo de permiso obligatorio o potestativo que conlleve la ausencia temporal del titular del cargo de libre nombramiento y remoción del SENIAT.
>
> Artículo 90: En ningún caso el SENIAT sufragará los gastos que se originen con ocasión al cambio de domicilio del funcionario de carrera aduanera y tributaria designado en calidad de encargado o como titular de un cargo de alto nivel del SENIAT de otra localidad.
>
> Artículo 91: En todo lo no previsto en este capítulo, se aplicarán las disposiciones establecidas en el Capítulo relativo a las comisiones de servicio en cuanto sean aplicables.

16 Una de las pocas menciones normativas, recogida igualmente en el Estatuto Funcionarial de la Superintendencia de Bancos y Otras Instituciones Financieras en el parágrafo único del artículo 104, dentro del mismo capítulo de las comisiones de servicio.

D. *Función policial*

Por su parte, la Ley del Estatuto de la Función Policial[17] regula todo lo referente a la comisión de servicios en el artículo 41, indicando:

> La comisión de servicio será la situación administrativa de carácter temporal por la cual se encomienda a un funcionario o funcionaria policial el ejercicio de un cargo diferente, de igual o superior nivel del cual es titular. Para ejercer dicha comisión de servicio el funcionario o funcionaria policial deberá reunir los requisitos exigidos para el cargo. La comisión de servicio podrá ser realizada en el mismo cuerpo de policía o en otro. Si el cargo que se ejerce en comisión de servicio tuviere mayor remuneración o beneficios sociales, el funcionario o funcionaria policial tendrá derecho a los mismos.
>
> Las comisiones de servicio serán de obligatoria aceptación y deberán ser ordenadas por el tiempo estrictamente necesario, el cual no podrá exceder de un año a partir del acto de notificación de la misma.

Como podrá observarse, la redacción no ofrece -en principio- ninguna diferencia con la prevista en la ley general sobre función pública y ninguna diferencia importante con respecto a los otros estatutos revisados; sin embargo, por tratarse de un órgano policial, donde los principios de jerarquía tienen distinta concepción al del resto de la función pública, compartida con el estamento militar, y donde se podría agrupar también a otros cuerpos de seguridad ciudadana como el de bomberos, debe tenerse en consideración estas condiciones especiales de subordinación, que exceden el común en el resto de los funcionarios públicos. Es el caso que hay que distinguir el rango de la persona con el cargo que se ejerce, pues tal condición podría representar límites no expresados en la normativa, para la comisión de servicio.

Del rango deviene un poder de mando y comando que implica un sistema de respeto y subordinación distinta al que dimana del cargo. Si bien es cierto que, en principio, no existe una necesaria relación entre el rango y el cargo en materia administrativa ordinaria, existen ciertos cargos de carrera policial que conlleva un comando que sí exige una jerarquía o rango determinado. Por ejemplo, para el ejercicio de un cargo de Director, bien sea general sectorial o de línea, como cargo de alto nivel de que se trata, no amerita condiciones especiales salvo la confianza que pueda depositar en la persona el máximo jerarca,

17 G.O. N° 5.940 Extraordinario del 7 de diciembre de 2009, reformada según G.O. N° 6.210 Extraordinario del 30 de diciembre de 2015.

al menos que exista una norma que prevea un perfil determinado, mientras que para desempeñar el cargo policial de jefe de patrullaje, se requiere por lo general, que el funcionario que vaya a desempeñar el cargo tenga una jerarquía o rango superior al de los funcionarios subordinados, o en caso de existir funcionarios con el mismo rango, quien ha de ejercer la jefatura ha de tener mayor antigüedad toda vez que siendo un cargo policial requiere de pericia, conocimientos y cumplimiento de órdenes, así como un nivel superior que garantice la obediencia y subordinación que derivan de la jerarquía y antigüedad.

De lo expuesto se tiene que ante la exigencia del cumplimiento de los requisitos para el cargo no podrá otorgarse comisión de servicios para ejercer cargos propios de una jerarquía distinta a la que ostenta el funcionario, en aquellos casos en que el perfil del cargo así lo requiera, o lo exija la prudencia.

Por otra parte, en materia policial como en el estamento militar es común que se presente la necesidad 8cierta o aparente) de una comisión de servicios en una localidad distinta al lugar en que está asentado el órgano de adscripción. Así, el estatuto general (Ley del Estatuto de la Función Pública) prevé que las comisiones de servicio serán necesariamente dentro de la misma localidad, siendo que tal limitante no se encuentra en la Ley del Estatuto de la Función Policial, por lo que surge la duda de si puede ordenarse en localidades distintas, lo cual puede producir una respuesta positiva. Sin embargo, sobrevienen otras interrogantes: ¿Será entonces de obligatoria aceptación? ¿Y el traslado? ¿Y la separación del núcleo familiar? Estas interrogantes independientemente de lo establecido en la Ley del Estatuto de la Función Policial obliga a pensar que a pesar de ser explícita la norma, indicando la obligatoria aceptación, atentaría contra principios básicos que pregonan otras normas llegando incluso a violar derechos constitucionales al imponer a la persona la separación forzosa de su lugar de residencia y en consecuencia, cubrir otros gastos que no le corresponderían de mantenerse en su propia localidad, tales como la necesidad de ubicar un lugar de habitación distinto al hogar familiar, quizás imponer la necesidad de otros vehículos y establecer una logística que puede o debe ser cubierta por el órgano, más no se le podría imponer al funcionario, pero -lo más importante- implicaría la separación del núcleo familiar en algunos casos lo cual envuelve la mayor afectación; en especial, cuando observamos que en algunas oportunidades se impone la comisión como elemento meramente sancionatorio.

E. *Ley Orgánica de la Fuerza Armada Nacional*

De los estatutos analizados, la norma redactada de la manera más laxa es la contenida en el Decreto con Rango, Valor y Fuerza de Ley Orgánica de la Fuerza Armada Nacional Bolivariana[18], cuya única regulación la encontramos en el artículo 111, el cual establece que "es potestativo del Presidente o Presidenta de la República Bolivariana de Venezuela y Comandante en Jefe de la Fuerza Armada Nacional Bolivariana autorizar por necesidades de servicio en comisión, al personal militar para ejercer cargos en la Administración Pública, según las necesidades del servicio".

Dicha norma no impone obligación o limitación alguna al poder que se atribuye al Jefe de Estado; sin embargo, soy del criterio que -tal como se dijera anteriormente- encuentra la limitación en la norma general que regula la función pública, siendo en consecuencia, que entre otras limitante, encuentra la de la temporalidad, la cual, aun cuando la norma especial no regule nada al respecto, no debería exceder de doce meses[19].

F. *SUDEBAN*

A su vez, el Estatuto Funcionarial de la Superintendencia de Bancos y Otras Instituciones Financieras[20] regula la figura en análisis en términos similares a la Ley del Estatuto de la Función Pública, pudiendo ser la comisión de servicio tanto interna (dentro del mismo ente) como externa (en cualquier otra dependencia de la Administración Pública), agregando un elemento clarificador en cuanto a la localidad donde se fuera a ejercer la comisión de servicios. Establece el artículo 103 del citado estatuto, que la comisión de servicio será de obligatoria aceptación "...siempre que se realice dentro de la misma localidad donde ejerce sus funciones. Cuando se trate de traslado de una localidad otra, ésta deberá realizarse de mutuo acuerdo".

Resulta necesario aclarar que si bien es cierto, las figuras de comisión de servicio y el traslado -que será revisada en el aparte inmediato siguiente- constituyen situaciones administrativas distintas, por cuanto la comisión de servicios siempre tendrá cabida dentro de una temporalidad, mientras que el traslado implica generalmente la permanencia, puede resultar que una comisión de servicio conlleve a una modificación en la localidad donde se presta servicios, lo

18 G.O. N° 6.156 Extraordinario del 19 de noviembre de 2014.

19 Existen casos de militares que han ejercido cargos en comisión de servicios durante más de quince años.

20 Gaceta Oficial N° 38.810 de fecha 14 de noviembre de 2007.

cual podría ser entendida como traslado; sin embargo, sin que se desnaturalice la comisión de servicios, si implica modificación de localidad, por mandato expreso del estatuto comentado considero que tiene que ser objeto de consenso con el funcionario lo cual debería ser el supuesto explícito o implícito en todas las normativas y que con buen tino lo expresa el estatuto comentado.

11. *De la afectación que puede producir la comisión de servicios*

Mientras que la Ley del Estatuto de la Función Pública establece que la comisión de servicios será de obligatoria aceptación, la misma ley contempla que se realizará dentro de la misma localidad, por lo que bajo el régimen general no podría acordarse en otra localidad, ante lo cual considero que la redacción del Estatuto Funcionarial de SUDEBAN constituye la única interpretación válida para proveer la comisión de servicios a otra localidad, pues la misma puede conllevar un desajuste en la normalidad o *status quo* del funcionario, pudiéndole afectar económica, educativa, social o familiarmente.

La afectación económica puede estribar en la necesidad de desplazamiento diario al sitio destinado, si es que los elementos de cercanía, estado de las vías y tiempo así lo permite, o la implicación de ubicar un sitio de residencia o habitación con carácter temporal que permita el cumplimiento de la asignación, lo que podría conllevar a una mudanza, o la necesidad de mantener una nueva residencia además de la residencia natural, con los gastos que ello ocasiona.

Puede que el funcionario esté desarrollando estudios o cursos en el sitio de adscripción natural y que producto de un nuevo destino deba suspenderlos o en el peor de los casos abandonarlos, suponiendo que no haya posibilidad posterior para continuarlo.

La afectación social puede llevar a la necesidad de mudanza permanente a un nuevo sitio, desarraigando a miembros del grupo de su entorno ordinario.

La afectación familiar puede derivar igualmente de la necesidad de mudar a sólo uno de los miembros del grupo, desintegrándolo aun temporalmente, o la mudanza de todo el grupo, con el eventual daño que puede hacerse a los niños en edad escolar y el desarraigo social de toda la familia.

La norma en comento nada regula acerca de gastos de instalación cuando la comisión de servicio se hace en otra localidad, como tampoco lo regula las otras normas donde no limita el traslado a la misma localidad, pero vistos los desórdenes y perjuicios que pudiera ocasionar, en especial, cuando la comisión se impone como obligación considero la necesaria procedencia del pago de gastos de instalación.

Convencido estoy que con el pago que deba efectuarse no se cubren todos los daños que el desarraigo por la modificación de la localidad donde habita el funcionario podría ocasionar, amén que igual que el traslado, se usa a veces como un medio de castigo en vez de una forma de cubrir las necesidades del servicio.

Al compararlo con el sistema español, el artículo 64 del RGI[21], en relación a la comisión forzosa, impone requisitos de procedencia más exigentes y, prioriza la forma de elección de la persona a comisionar, debiendo elegir a un funcionario que preste servicios en el mismo Departamento, incluidos sus organismos autónomos o Entidad gestora de la Seguridad Social, en el municipio más próximo o con mejores facilidades de desplazamiento y que tenga menores cargas familiares y, en igualdad de condiciones, al funcionario de menor antigüedad. Tal redacción deja poco margen a la arbitrariedad, en el entendido que en primer lugar priva la cercanía territorial, en un segundo término las cargas familiares (por el asunto de los daños que puede causarse) y en tercer lugar la antigüedad en el servicio, por lo que difícilmente podría desviarse la finalidad.

Revisado lo concerniente a la comisión de servicios, debemos continuar en la revisión de otras situaciones administrativas.

III. DEL TRASLADO

De acuerdo a la Ley del Estatuto de la Función Pública en su artículo 73 el traslado de los funcionarios de carrera puede ocurrir dentro de la misma localidad o en distinta localidad, siempre que no se disminuya su sueldo básico y los complementos que pueden corresponder.

El mismo artículo prevé que el traslado ha de obedecer a razones de servicio, lo cual, aun cuando la norma no lo exige de manera expresa conlleva a la necesidad de un acto debidamente motivado en el cual sean plasmadas cuáles son las razones de servicio que amerita el traslado y que puede ser objeto de control judicial.

1. *CLASIFICACIÓN*

Aun cuando la norma no lo regula de manera expresa, considero pertinente plantear una clasificación del traslado, pues dependiendo del tipo de traslado, puede -a mi entender- tener distintas consecuencias:

---

21 Reglamento General de Ingreso del Personal al Servicio de la Administración General del Estado y de Provisión de Puestos de Trabajo y Promoción Profesional de los Funcionarios Civiles de la Administración General del Estado de España.

a. El traslado dentro de una misma unidad u órgano, modificando funciones, como puede ser cuando se asignan funciones administrativas a una persona por razones médicas, como puede suceder en el caso de un funcionario cuyas funciones sea inspecciones fuera de la sede y se ordene cambio de funciones, o por razones de prevención y medio ambiente del trabajo sean recomendables, o las mismas sean aconsejadas en razón del estado de gravidez de una funcionaria. Es decir, el funcionario se mantiene ejerciendo sus funciones en la misma unidad, ejerciendo el mismo cargo asignado pero modificando sus funciones[22].
b. El traslado de una unidad a otra en el mismo órgano y en la misma localidad.
c. El traslado de una unidad a otra dentro del mismo órgano, pero en distinta localidad.
d. Cuando se traslada la unidad, independientemente de si implica o no cambio de localidad (cambio de sede de la unidad).
e. El traslado del funcionario a otro órgano o ente.

El traslado dentro de la misma localidad surge como de obligatoria aceptación, sin que el mismo acarree mayores consecuencias, sólo que, en la práctica, se convierte muchas veces como una forma de evitar la cercanía de una persona que puede resultar "indeseable" constituyendo un castigo encubierto o una forma sencilla de perturbar, más que un modo de satisfacer las necesidades del servicio. De forma tal que el acto que se dicte ha de indicar no sólo cuáles son las razones que exigen que un funcionario sea trasladado, en cuanto a la vacante existente y la necesidad de cubrirla, sino que puede implicar a su vez, dentro de la determinación entre varios funcionarios, por qué se trasladó a un funcionario y no a otro.

2. *Formas del traslado*

Si concatenamos las previsiones de la Ley del Estatuto de la Función Pública con lo indicado en el Reglamento General de la Ley de Carrera Administrativa, tenemos entre las características que definen al traslado, las siguientes:

a. De conformidad con la Ley, el traslado debe ser a un cargo de la misma clase (lineal), mientras que de conformidad con el Reglamento puede ser a un cargo igual o superior jerarquía, siempre que no se disminuya su sueldo básico y los complementos.

22 Como ejemplo lo podemos encontrar en la funcionaria policial embarazada, quien en ejercicio de sus funciones se encuentra el patrullaje a pie, y se les cambia sus funciones a actividades administrativas.

Si es a una clase de cargo distinta a la del funcionario trasladado, la aceptación del funcionario ha de constar por escrito. Por argumento en contrario, si el traslado opera a un cargo igual, no resulta necesaria la aceptación.

b. El traslado puede realizarse dentro de la misma localidad o a una distinta.

Si se trata de un traslado de una localidad a otra debe realizarse de mutuo acuerdo salvo las excepciones por necesidades de servicio. El reglamento establece como razones de servicio: (1) Urgencia de cubrir vacantes que comprometan el funcionamiento del servicio; (2) Experiencia y especiales condiciones profesionales del funcionario que hagan necesaria la prestación de sus servicios en determinada localidad o región; (3) Traslado de dependencias administrativas; e (4) Inexistencia de personal calificado necesario en la localidad respectiva.

Por argumento en contrario, si el traslado se realiza en la misma localidad, no ha de obtenerse el acuerdo previo del funcionario.

Cuando el traslado es fuera de la localidad y sea posible escoger entre varios funcionarios, la autoridad administrativa tomará en cuenta las condiciones familiares y circunstancias personales de cada uno de los funcionarios que podrían ser trasladados, lo cual minimiza el rango de discrecionalidad y, por ende, la arbitrariedad, o que se desnaturalice para encubrir otros fines.

Igualmente se ha de sufragar los gastos que se originen por concepto de: (1) Pasajes del funcionario, cónyuge, ascendientes y descendientes bajo su dependencia que deban trasladarse con él; (2) Flete por concepto de transporte terrestre de los efectos personales, enseres y demás artículos del hogar hasta por cinco mil kilogramos de carga; (3) Bonificación equivalente a un mes de sueldo; (4) El organismo de adscripción original hará el pago, salvo que el traslado sea producto de solicitud del organismo de destino; y (5) No podrá trasladarse -por disposición expresa del reglamento- a los miembros de la junta directiva del sindicato, dentro de los tres días laborables siguientes a la elección, durante el ejercicio de sus cargos y los tres meses siguientes a la pérdida del carácter de miembro de la junta directiva.

Estas disposiciones contenidas tanto en la Ley del Estatuto de la Función Pública como en el Reglamento General de la Ley de Carrera Administrativa nos llevan a una serie de disquisiciones y conclusiones, toda vez que se prevé una precisa demarcación a la discrecionalidad de la Administración por lo que no se trata del interés o voluntad del jerarca sino de la observancia de una serie de limitantes.

En este sentido, considero pertinente analizar los distintos supuestos que permiten ordenar el traslado a otra localidad, aun sin el consentimiento del funcionario, toda vez que ha de considerarse que priva la continuidad o la prestación del servicio.

a. Urgencia de cubrir vacantes que comprometan el funcionamiento del servicio. En razón de la existencia de la vacante puede en un momento determinado paralizarse el servicio. Como ejemplos podríamos tener una oficina de asistencia jurídica sin abogado lo cual no permite que la oficina -aun cuando no deje de existir-, cumpla sus fines, o ante la poca cantidad de abogados y el exceso de trabajo que se procesa, se podría retrasar de tal forma que aun cuando se emitan las opiniones y dictámenes correspondientes, su falta de oportunidad sería de tal magnitud que tendría efectos similares a la ausencia de pronunciamiento, lo que conllevaría a la necesidad de trasladar a un profesional del derecho.
b. Experiencia y especiales condiciones profesionales del funcionario que hagan necesaria la prestación de sus servicios en determinada localidad o región. Quizás la redacción de la norma luce inadecuada, pues no tendría que referirse al funcionario a trasladar, sino a la necesidad del servicio que requiere de un perfil determinado. Como ejemplo podríamos tener la necesidad de implementar un sistema de revisión o control de calidad del material extraído en una mina, lo que determina que el perfil de la persona que ha de realizar ese trabajo sea un geólogo especialista en un tipo de material específico.
c. Cuando la norma refiere a "traslado de dependencias administrativas", conlleva a que la dependencia en si misma ha de cambiar de localidad, razón por la cual, el personal que para ella labora, ha de trasladarse igualmente. Podría darse el caso -a título de ejemplo- que la oficina de control de explotación de bauxita se encuentre en la capital de la República, y se ha determinado que dicha dependencia debe ubicarse en la misma localidad o en una cercana al sitio de explotación en el Estado Bolívar, para una mejor prestación del servicio, en cuyo caso se traslada la oficina.
d. Inexistencia de personal calificado necesario en la localidad respectiva. El ejemplo -entre muchos otros- lo podríamos ubicar en los cuerpos policiales, toda vez que de acuerdo a la estructura organizativa que se aplique, una dependencia ha de contar con personal de diferente graduación. Puede darse el caso que exista personal suficiente de distinta graduación, en especial en los mandos bajos; sin embargo, requiere la existencia de un funcionario de mediana o alta graduación para la jefatura de la dependencia.

Si bien es cierto que, se han puesto varios ejemplos en materia policial, es en ese tipo de actividad donde por mi experiencia profesional he detectado los mayores problemas, abusos, desconocimiento o inaplicación de la norma, toda vez que en muchas oportunidades, estos movimientos son usados como medidas disciplinarias encubiertas, llegando al extremo de que un funcionario solicita expresamente su traslado a una determinada localidad por razones familiares, sociales, económicas o académicas, y es trasladado a otra diametralmente opuesta, sin pago de gastos alguno; o en otros casos, aún ante la solicitud de un funcionario para una localidad, se traslada a otro funcionario distinto a quien a su vez, no le conviene el traslado, aun cuando ambos funcionarios sean de la misma jerarquía y especialidad.

3. *DE LOS GASTOS Y EFECTOS DEL TRASLADO*

Por otra parte, los gastos del traslado han de tramitarse y liquidarse para la efectividad del mismo, razón por la cual, si a un funcionario no se han liquidado dichos gastos, no podría obligarse el traslado ni considerarse como falta por desobediencia o insubordinación.

En algunas oportunidades, hemos observado como al funcionario, una vez acordado el ingreso correspondiente, se le hace firmar un contrato o manifestación de voluntad, en el cual se acepta de antemano el sometimiento a la voluntad del jerarca en cuanto a traslados se refiere. Dicha manifestación no libera a la Administración, del cumplimiento de las obligaciones que impone la ley y el reglamento, en cuanto se refiere a la obligación de atender la voluntad del funcionario en unos casos, y la liquidación de los gastos para ejecutar el traslado; es decir, resulta cuestionable que por la firma del contrato, se pueda imponer el traslado aún sin la voluntad del funcionario, cuando se trate de distinta localidad -en aquellos casos regidos por la Ley del Estatuto de la Función Pública- dado el carácter estatutario de la relación y el alcance de dicho concepto.

Aun cuando no se encuentra previsto en la Ley, pero deviene de la lógica y naturaleza de las cosas, ha de permitírsele al funcionario un tiempo para que ubique vivienda en el nuevo destino e incluso, sitios de estudios para sus hijos, inscripciones, etc., aun cuando su falta de previsión legal impediría su exigencia por parte del funcionario.

Por otra parte, el Reglamento de la Ley de Carrera Administrativa en su artículo 83 señala que el organismo de origen hará el pago, "... salvo que el traslado se hubiese producido a solicitud del organismo de destino". Aun cuando la norma no lo establece expresamente, debe llegarse a la conclusión -por argumento en contrario- que en estos casos existe igualmente la obligación del pago, pero que estará a cargo del organismo de destino.

Es mi parecer, que cuando el traslado se produce a solicitud del propio funcionario, existe igualmente la obligación de hacer el pago correspondiente, bien por el organismo de origen o por el organismo de destino, de acuerdo a cuál haya tramitado el traslado; sin embargo, pudiera argüirse que la Administración no debería pagar gasto alguno -en efecto se ha alegado en diversas oportunidades-, toda vez que el interesado fue el funcionario. Hay que ripostar que esta situación administrativa (traslado) no se encuentra prevista para satisfacer los intereses particulares de los funcionarios, sino en razón de la prestación y eficiencia del servicio; en tal sentido, cuando se produce un traslado se debe hacer en beneficio del servicio, su permanencia y prestación, y sólo, verificada la necesidad de ocupar un cargo la solicitud del funcionario serviría para determinar la persona que ha de cubrir el traslado y evitar la necesidad de escogencia, más no puede entenderse que sea acordada para satisfacer demandas o pretensiones del funcionario.

Por otra parte, ha de indicarse que los gastos que recoge el artículo 82 del Reglamento General, no operan como un derecho a priori del funcionario que eventualmente podría ser rechazado por éste, sino que se generan ante la necesidad cierta de cubrirlos, por mandato legal. De allí que, si el funcionario se traslada sin su familia, no puede exigir como derecho que le sean expedidos o cancelados los pasajes a su localidad de origen, pues los mismos resultan procedentes en ocasión del traslado y no para posteriores visitas o reuniones familiares; de allí que, el único pago objetivo es el referido al bono equivalente a un mes de sueldo y los gastos de traslado.

Por otra parte, quedaría la situación económica que ha de enfrentar el funcionario, que genere un traslado a otras localidades y, la respuesta a los problemas que el mismo pudiere generar, que no son resueltos, pero por lo menos mitigados económicamente con los gastos de traslado a que refiere la normativa general.

En el caso específico de la función policial, en aplicación del artículo 8 y 14 de la Ley del Estatuto de la Función Policial, ante lo escueto de la norma y el equilibrio entre los derechos del funcionario y las necesidades del servicio, así como la expresa forma de llenar vacíos y lagunas que establece la propia Ley del Estatuto de la Función Policial, debe entenderse que ha de reconocerse los gastos de traslado que regula la normativa general de la materia, aún ante la ausencia de disposición expresa en la ley que regula la función policial.

Por su parte, los artículos 59 al 64 del Estatuto del Sistema de Recursos Humanos del Servicio Nacional Integrado de Administración Aduanera y Tributaria (SENIAT), recogidos en el Capítulo II del Título III del referido estatuto, establecen las condiciones particulares de los traslados en dicho órgano, cuyos artículos indican:

Capítulo II

De los Traslados

Artículo 59. Los funcionarios de carrera aduanera y tributaria y los de confianza, podrán ser trasladados por razones de servicio debidamente justificadas a otra unidad administrativa del SENIAT, para ejercer funciones de igual cargo, nivel y remuneración, para lo cual se requiere la aprobación del Superintendente del Servicio Nacional Integrado de Administración Aduanera y Tributaria o de aquel funcionario en quien éste delegue dicha atribución.

Artículo 60. Los traslados podrán realizarse dentro de la misma localidad o a una distinta. Se considerará que el traslado es de una localidad a otra, cuando sea imprescindible el cambio de domicilio del funcionario.

En todo caso, el traslado dentro de una misma localidad no requiere acuerdo del funcionario.

Artículo 61. Los traslados de los funcionarios de carrera aduanera y tributaria de una localidad a otra se harán con el acuerdo del funcionario, no se requerirá el consentimiento del funcionario cuando medien las razones de servicio siguientes:

1. Necesidad de cubrir una vacante que comprometa el funcionamiento del Servicio en determinada localidad.
2. Experiencia comprobada y condiciones profesionales especiales del funcionario que hagan necesaria la prestación de sus servicios en la localidad.
3. Inexistencia o insuficiencia de personal calificado en determinada área de conocimiento en la localidad respectiva.
4. Creación, supresión, reorganización o traslado de dependencias administrativas.

En el acto mediante el cual se notifique del traslado al funcionario, deberán especificarse suficientemente las razones de servicio que lo motivaron.

Artículo 62. Cuando sea posible escoger entre varios funcionarios para ser trasladados, la Gerencia de Recursos Humanos considerará las circunstancias familiares y personales de cada uno de ellos.

Artículo 63. Si el traslado se produce de una localidad a otra, el SENIAT sufragará al funcionario, los gastos debidamente justificados y demostrados que se originen por concepto de:

1. El pasaje de ida del funcionario, de su cónyuge, descendientes y ascendientes bajo su inmediata dependencia que deban trasladarse con él con ocasión al cambio de domicilio.

2. Flete por servicio de transporte de los bienes, enseres y demás artículos personales.
3. Una bonificación especial equivalente a un (1) mes de sueldo, siempre y cuando concurran en el traslado, los supuestos previstos en los numerales anteriores.

Artículo 64. Los funcionarios de carrera aduanera y tributaria podrán solicitar su traslado, para lo cual deberán haber prestado mínimo tres (3) años ininterrumpidos de servicio en una misma localidad, salvo las excepciones que se deriven de la aplicación de la Constitución y de otras leyes vigentes.

La aprobación de dichos traslados será potestativa del Superintendente del Servicio Nacional Integrado de Administración Aduanera y Tributaria o de aquel funcionario en quien éste delegue dicha atribución.

En ningún caso, los gastos ocasionados en razón de los traslados a solicitud del funcionario serán sufragados por el SENIAT.

Manteniendo a grandes rasgos los mismos principios que sobre el traslado regula la normativa general aplicable, en el caso del estatuto del SENIAT, dicho estatuto regula su propia noción de "localidad", cuando se entiende que el traslado es fuera de la localidad cuando es imprescindible el cambio de domicilio del funcionario, así como en cuáles casos puede haber un traslado a otra localidad sin necesidad del consentimiento del funcionario.

Así, la noción de ciudad o municipio que podría servir como fundamento -conforme a algunas sentencias sobre la materia- para establecer cuando se está en presencia de traslado a distinta localidad, surge con una interpretación propia en el caso en estudio que deviene de las nociones de demarcaciones. En estas demarcaciones, cada órgano las determina, de acuerdo a su competencia e intereses, podrá incluso crear demarcaciones propias que no necesariamente tienen que ver o coincidir con las demarcaciones de los diferentes entes territoriales.

Un ejemplo lo podemos tener con las denominadas "áreas metropolitanas" que surgen conceptualmente como una región urbana que engloba una ciudad central que da nombre al área y una serie de ciudades satélites que constituyen un entramado o red urbana. La necesidad del área deviene de la noción de conurbación, como forma de atender necesidades propias de esa trama urbana, de forma tal que lo que puede considerarse como área metropolitana a los efectos de urbanismo, sea distinta para el servicio telefónico o de la red eléctrica, o como puede suceder con las denominadas "regiones administrativas" -por ejemplo- en materia judicial se le asigna administrativamente la jurisdicción de un determinado juzgado de un estado a otro estado, toda vez que la cercanía entre ciudades se acorta. Lo mismo sucede con las denominadas regiones que competen a la materia del SENIAT, objeto de este punto de discusión, donde la región capital abarca territorialmente a dos estados y al Distrito Capital, o en casos como la región andina, que, abarcando 3 estados, la distancia entre puntos distantes de ellos puede superar la 5 o 7 horas de camino.

Así, retomando la Región Capital, se tiene que si bien entre ciudades importantes o capitales (para no poner otros centros poblados), la distancia entre Caracas, La Guaira y Los Teques, no necesariamente ameritaría la mudanza o el cambio de domicilio del funcionario, pero si le puede trastornar de tal forma la cotidianidad, que en muchos casos se preferiría el cambio de domicilio. Sin embargo, aun tratándose de distintas localidades -según el lenguaje común-, conforme a la normativa específica del SENIAT, no requiere consentimiento, al considerar que no requiere cambio de domicilio, más, sin embargo, la cotidianidad la aconseja, siendo que la medida es más una forma de castigo.

4. *DE LA ESCOGENCIA PARA EL TRASLADO ENTRE VARIOS FUNCIONARIOS*

Toda vez que el artículo 81 del Reglamento de la Ley de Carrera Administrativa exige que cuando sea posible escoger entre varios funcionarios pasibles del traslado, hay que tomar en cuenta una serie de factores subjetivos donde debe tenerse en cuenta para determinar el cumplimiento de dichos factores, que la revisión de esos elementos consten en un expediente que contenga los datos referidos a los funcionarios que puedan ser trasladados, las condiciones personales y familiares de cada uno de ellos y el resultado del análisis efectuado.

Esta institución se encuentra regulada en la Ley del Estatuto de la Función Policía, de manera similar al previsto en el régimen general, en tanto surge como la posibilidad de la Administración para ordenar el traslado y la exigencia que, de tratarse de un traslado a distinta localidad, ha de ameritar el acuerdo con el funcionario, "...salvo en los casos que por necesidades del servicio determinen los reglamentos y resoluciones de esta Ley". De dicha mención se desprende que podrán existir casos en que el traslado entre localidades se podrá acordar aún en contra de la voluntad del funcionario, siendo en consecuencia, un traslado forzoso o traslado impuesto a otra localidad, pero esta circunstancia especial no queda al arbitrio del jerarca, sino en las especiales regulaciones de reglamentos y "resoluciones de esta ley".

Esta última frase luce poco feliz ya que no conocemos el alcance semántico de "resoluciones de ley", salvo que se trate de las resoluciones que se dicten en ejecución de la Ley; sin embargo la interpretación que en definitiva se llegue no puede alcanzar a entender que dicha potestad queda en cabeza del jerarca a su prudente -o imprudente- arbitrio, sino en atención de normas generales y objetivas que lo impongan, siendo aplicadas de tal forma que quede execrada cualquier posibilidad de desviación de poder y en caso que sucediere, ha de castigarse al funcionario infractor. Con ello debe aclararse que las necesidades del servicio deben ser ciertas y comprobables, y que el acto administrativo que lo acuerde debe estar debidamente motivado, de forma tal que deban apartarse las consideraciones meramente personales, viscerales y arbitrarias que acarrearían responsabilidad personal del jerarca que impusiese dicha medida.

5. *Diferencia entre el traslado y otras figuras similares*

Una diferencia importante entre el traslado y la comisión de servicio, es que mientras la segunda está sometida a una temporalidad necesaria, que implica la permanencia en el cargo y bajo la potestad del jerarca comitente, para posteriormente retornar a su cargo original, el traslado supone la permanencia en el ejercicio de las funciones en el nuevo destino, de forma tal que ante la comisión de servicio se impone una temporalidad, mientras que el traslado surge de manera generalmente de manera permanente[23].

La comisión de servicios implica el ejercicio de otro cargo y aun cuando ejerza funciones en los cuadros de la Administración comisionada, mantiene el vínculo con la Administración de origen, a la cual volverá transcurrido o vencida la comisión de servicios; mientras que, por su parte, el traslado implica el ejercicio del cargo propio en otra ubicación.

El traslado y la transferencia puede suponer la separación de una Administración de origen para su adscripción permanente a la otra a la cual se transfiere o traslada, rompiendo el vínculo con una y creando un nuevo vínculo, sin solución de continuidad, por lo que sigue la relación con un nuevo órgano como si del anterior se tratara entendiendo que se mantiene en ejercicio de cargos dentro de la Administración en sentido lato, pero puede haber un cambio con respecto al órgano en concreto, afectando igualmente las relaciones de jerarquía de disciplina.

De la revisión de la normativa que rige en España, se verifica que el traslado no es considerado como situación administrativa mientras que en la legislación colombiana sí. En todo caso, nuestra legislación históricamente lo ha tratado como tal.

23 En el caso de las mujeres embarazadas el traslado surge en razón del embarazo, lo que contiene en sí misma la noción de temporalidad.

6. *EL TRASLADO SEGÚN LA* L.O.T.T.T.

El Decreto con Rango, Valor y Fuerza de Ley Orgánica del Trabajo, los Trabajadores y las Trabajadoras, regula un traslado que se impone como obligación para el patrono y un derecho para la trabajadora en estado de gravidez, regulado en el artículo 334, que indica: "Necesidad de traslado para proteger el embarazo.

La trabajadora embarazada deberá ser trasladada de su lugar de trabajo a otro sitio cuando se presuma que las condiciones de trabajo puedan afectar el desarrollo normal del embarazo, sin que pueda rebajarse su salario o desmejorarse sus condiciones por ese motivo".

Toda vez que lo referido a la protección a la maternidad y paternidad se regirá por lo previsto en la ley laboral, dicho supuesto se ha de aplicar en idénticos términos en el caso de funcionarias públicas embarazadas, en cuyo caso, para proteger el embarazo, en ocasiones luce prudente el traslado, tal como sucede con funcionarias militares o policiales embarazadas, o como podría suceder con una fiscal o inspector, cuyo trabajo sea caminando o de funcionarias que ejercen principalmente trabajo de campo.

IV. DE LA TRANSFERENCIA

El artículo 74 de la Ley del Estatuto de la Función Pública, incorpora una figura que anteriormente carecía de cobertura legal dentro de las situaciones administrativas, indicando: "Los funcionarios o funcionarias públicos de carrera podrán ser transferidos cuando tenga lugar la descentralización de las actividades a cargo del órgano o ente donde presten sus servicios, de conformidad con lo establecido en la ley. En tales casos deberá levantarse un acta de transferencia".

Si bien está considerada como una situación administrativa, lo que acarrea y garantiza es la continuidad, toda vez que en el caso de transferencia se rompe el vínculo con la Administración a la que se encontraba adscrita el servicio, pero en cuanto al personal los funcionarios continúan sin solución de continuidad en el mismo órgano, pero con diferente adscripción. Es decir, el funcionario se mantiene prestando servicios al mismo órgano, pero dicho órgano se encuentra adscrito por efecto de la descentralización a otro ente territorial, o cuando producto de la misma se produce la transferencia de la competencia y del servicio.

En este caso no existe aparente afectación al funcionario pues mantiene el mismo cargo y funciones, pero modificada la adscripción en cuanto al ente. Podrían existir algunas diferencias en cuanto a la escala de sueldos, remuneraciones y otros beneficios que percibiere el funcionario anteriormente, frente al nuevo ente, sin que exista una desmejora que implique un despido conforme a las normas laborales ordinarias, lo cual podría resultar cuestionable.

Quizás el único ribete de permanencia que une al funcionario con la Administración de origen es la posibilidad de reversión de la descentralización prevista en la Ley Orgánica de Descentralización, Delimitación y Transferencia de Competencias del Poder Público regulada en sus artículos 8, 9 y 10.

La figura laboral más cercana a la cual podríamos asimilar esta situación administrativa es a la sustitución de patrono, entendiendo en todo caso que, transferido el servicio, el personal queda bajo la potestad de la nueva Administración de adscripción.

En todo caso, crea una nueva adscripción y, por ende, la potestad que se ejerce en materia funcionarial (disciplinaria, sancionadora, etc.) se encuentra trasladada, rompiendo la relación que se tenía con la Administración de adscripción originaria.

Por su propia condición de situación administrativa, se entiende que el funcionario mantiene su antigüedad intacta pues no existe ruptura alguna, así como el necesario traslado de sus pasivos en el supuesto que no se cumpla la Ley y los tenga depositado en cuentas de fideicomiso laboral en la institución bancaria elegida.

V. DE LAS VACACIONES

El derecho al disfrute de las vacaciones se encuentra regulado Constitucionalmente, en el capítulo referido a los derechos sociales, artículo 90, que luego de referirse a la jornada de trabajo, textualmente expresa: "los trabajadores y trabajadoras tienen derecho al descanso semanal y vacaciones remuneradas en las mismas condiciones que las jornadas efectivamente laboradas".

La redacción de la referida norma modifica la derogada de la Constitución de 1961, en el entendido que la anterior establecía el pago en los términos que regulara la ley, mientras que la vigente obliga a que la remuneración sea en las mismas condiciones que la jornada efectivamente laborada, razón por la cual no queda margen distinto de negociación que no sea el del pago ordinario en las mismas condiciones de quien presta servicio efectivo o mejoradas esas condiciones.

En este caso se iguala la condición del funcionario al del trabajador ordinario, toda vez que uno, en razón de la situación administrativa se equipara al servicio activo y el otro en razón del mandato constitucional. La única diferencia depende en la cobertura legal de la duración de las vacaciones de acuerdo a la ley, dependiendo del tiempo de servicio (antigüedad) previsto en el artículo 24 de la Ley del Estatuto de la Función Pública como régimen general. En otros estatutos, la variación va a depender de si son días continuos (por ejemplo, la Fiscalía General de la República), vacaciones colectivas (Tribunal Supremo de Justicia) u otros regímenes que podrían variar.

Por otro lado, por no afectar la reserva legal es un derecho que puede ser modificado a través de contratos o convenios colectivos manteniendo siempre el espíritu de la norma constitucional, dejando a salvo la posibilidad de otorgarlos en mejores condiciones.

Otras variaciones que podemos encontrar, es la posibilidad existente entre acumular o no periodos vacacionales y la oportunidad del pago del bono vacacional.

La Ley del Estatuto de la Función Pública nada expresa en cuanto a la posibilidad de acumulación de vacaciones; más, sin embargo, el artículo 19 del Reglamento General de la Ley de Carrera Administrativa prohíbe en principio la acumulación de vacaciones salvo que expresamente se acuerde prorrogar el plazo para su disfrute cuando medien razones de servicios. Siendo ello así, ha de mediar una debida motivación que justifique que el funcionario no va a disfrutar de su derecho que se impone como obligación del patrono o en este caso a la Administración.

Se han evidenciado distorsiones que desfiguran una institución que ha sido reconocido internacionalmente como un derecho de todos los trabajadores, primero contra la esclavitud y abuso de los trabajadores, otras por razones de optimización del trabajo entendiendo que una persona no puede rendir efectivamente sin el necesario descanso tanto semanal como anual, y en otros casos, como medida de sanidad física y mental, así como el necesario compartir con hijos, familia, etc.

Entre las distorsiones vemos personas que a su retiro de la Administración aducen tener tantas vacaciones vencidas como años de servicios, incumpliendo la obligación que impone la norma como derecho del funcionario y obligación de la Administración, sin que medie la justificación; o, tomando el disfrute de las vacaciones, no registran efectivamente el mismo; o ante la conducta complaciente del jerarca que impone aparentes guardias con turnos libres durante periodos vacacionales sin que sean imputables al periodo vacacional no hay incentivo para tomarlas realmente[24].

En todo caso, bien sea por necesidad del servicio o falta de personal necesario, se justifica que una persona acumule más de dos o tres periodos vacacionales, siendo obligatorio otorgarlas en su oportunidad, pues el efectivo disfrute garantiza en primer lugar, que la Administración cumple con el deber de otorgar el necesario descanso, así como acaba con la práctica de generar el bono por unas

24 Práctica común en tribunales.

vacaciones no disfrutadas, debiendo pagar posteriormente el bono ante el retiro.

Por otra parte, el disfrute de vacaciones se genera por la prestación efectiva de servicio, por lo que otra distorsión la encontramos en personas que han pasado largos periodos en reposo o permisos y pretenden imputar ese tiempo (a veces años) a la prestación de servicios para generar vacaciones.

Las vacaciones las genera la efectiva prestación de servicios, siendo que el reposo por su naturaleza distinta implica la suspensión del periodo vacacional en aquellos casos en que disfrutando de vacaciones, al trabajador le es otorgado un reposo; sin embargo, el tiempo en periodo de reposo no es computable como efectivamente prestado a los fines del cálculo y disfrute de vacaciones, siendo que en todo caso, resultaría sólo computable a la antigüedad, más debe recalcarse, no implicaría cómputo para el disfrute vacacional.

VI. DE LOS PERMISOS Y LICENCIAS

Ni la Ley del Estatuto de la Función Pública ni el Reglamento General de la Ley de Carrera Administrativa establecen diferencias entre permisos y licencias, siendo que, por el contrario, los tratan como sinónimos; sin embargo, podemos observar como algunos autores extranjeros diferencian una de otra en razón de la duración de la interrupción, entendiendo que los permisos son interrupciones breves y las licencias son de mayor duración[25].

El Artículo 26 de la Ley del Estatuto de la Función Pública establece como derechos de los funcionarios públicos independientemente de que sean de carrera o de libre nombramiento y remoción, el disfrute o uso de permisos y licencias que se establezcan en los reglamentos de esa Ley; distinguiendo entre permisos obligatorios o potestativos, que pueden a su vez ser con goce de sueldo o sin él. El único permiso expreso regulado en la citada Ley corresponde al de la protección de gravidez, regulado en su artículo 29, el cual se aplicará bajo las previsiones de la Constitución de la República en los mismos términos que en la Ley Orgánica del Trabajo.

El Reglamento General de la Ley de Carrera Administrativa establece en su artículo 49, que permiso o licencia es la autorización que otorga la Administración Pública Nacional a sus funcionarios para no concurrir a sus labores por causa justificada y por tiempo determinado.

25 Así lo señala, entre otros, el autor español Miguel Sánchez Morón.

Dicha definición iguala los términos de permisos y licencias, tratándolos como sinónimos; sin embargo, debemos cuestionar que dicha noción, los trata como si fuera un acto expreso, cuando en diversas oportunidades ha de considerarse como la causa que exime de la prestación de servicios aun cuando no medie el acto expreso, mientras en otros casos no existe ni surte efectos legales si no existe la manifestación formal de voluntad por quien detenta la competencia para otorgarlo.

Si bien es cierto que en la mayoría de los casos el permiso debe ser previamente tramitado y expresamente otorgado, en otras oportunidades la situación que amerita el permiso sucede de manera abrupta de forma tal que impide cualquier trámite previo, que en casos especiales nos coloca en presencia de un justificativo de ausencia, cuyos efectos son similares al de los permisos; es decir, que verificada la condición de la existencia de un permiso obligatorio y la imposibilidad material -cierta y comprobable- de solicitarlo previamente y obtener su trámite, la ausencia se encuentra igualmente justificada bajo el mismo supuesto, como si del acto expreso se tratara, según se verificará en la revisión singularizada de los permisos y licencias.

Quizás la mejor forma de entenderlo sería ilustrarlo bajo un ejemplo, como sucede en el caso de un funcionario que, sufriendo un accidente, ameritó hospitalización en un caso grave o reposo en un caso más leve, sin poder tramitarlo previamente y sin poder consignarlo oportunamente.

1. *De los permisos conforme la Ley*

Como se indicó anteriormente, la Ley del Estatuto de la Función Pública, regula entre los derechos de los funcionarios, independientemente de si se trata de carrera, o de libre nombramiento y remoción, los permisos y licencias de manera general otorgando solo mención expresa al permiso maternal.

Pero, por otra parte, otras leyes establecen permisos específicos que, por su naturaleza, y el carácter preminente de su consideración como derechos de rango constitucional, son igualmente aplicables a los funcionarios públicos, entre los cuales encontramos los de protección maternal, paternal y atención familiar.

A. *Del permiso maternal*

Señalado lo anterior, debemos revisar las distintas situaciones que ameritan conforme a nuestro ordenamiento jurídico, permisos o licencias, siendo que la Ley Orgánica del Trabajo reguló el primero de los permisos a analizar, referido al permiso maternal como descanso pre y post natal, en sus artículos 385 y 386, indicando:

> Artículo 385: la trabajadora en estado de gravidez tendrá derecho a un descanso durante seis (6) semanas antes del parto y doce (12) semanas después, o por un tiempo mayor a causa de una enfermedad que según dictamen médico sea consecuencia del embarazo o del parto y que la incapacite para el trabajo.
>
> En estos casos conservará su derecho al trabajo y a una indemnización para su mantenimiento y el del niño, de acuerdo con lo establecido por la Seguridad Social.
>
> Artículo 386: Cuando la trabajadora no haga uso de todo el descanso prenatal, por autorización médica o porque el parto sobrevenga antes de la fecha prevista, o por cualquier otra circunstancia, el tiempo no utilizado se acumulará al periodo de descanso postnatal.
>
> Los descansos de maternidad no son renunciables.

Por su parte, el Decreto con Rango, Valor y Fuerza de Ley Orgánica del Trabajo, los Trabajadores y las Trabajadoras, regula la situación en sus artículos 335 y siguientes, recogidos en el Título VI de la Ley, en los siguientes términos:

> Artículo 335. Protección especial. La trabajadora en estado de gravidez, gozará de protección especial de inamovilidad desde el inicio del embarazo y hasta dos años después del parto, conforme a lo previsto en la ley.
>
> La protección especial de inamovilidad también se aplicará a la trabajadora durante los dos años siguientes a la colocación familiar de niñas o niños menores de tres años.
>
> Artículo 336. Descanso pre y post natal. La trabajadora en estado de gravidez tendrá derecho a un descanso durante seis semanas antes del parto y veinte semanas después, o por un tiempo mayor a causa de una enfermedad, que según dictamen médico le impida trabajar.
>
> En estos casos, conservará su derecho al trabajo y al pago de su salario, de acuerdo con lo establecido en la normativa que rige la Seguridad Social.
>
> Artículo 337. Prolongación del descanso prenatal. Cuando el parto sobrevenga después de la fecha prevista, el descanso prenatal se prolongará hasta la fecha del parto y la duración del descanso postnatal no podrá ser reducida.

> Artículo 338. Acumulación de los descansos pre y post natal. Cuando la trabajadora no haga uso de todo el descanso prenatal, por autorización médica o porque el parto sobrevenga antes de la fecha prevista, o por cualquier otra circunstancia, el tiempo no utilizado se acumulará al período de descanso postnatal.
>
> Los descansos de maternidad son irrenunciables.

Por mandato del artículo 29 de la Ley del Estatuto de la Función Pública, la protección a la maternidad y gravidez, se ampara bajo los términos constitucionales y de la Ley Orgánica del Trabajo, siendo que dichas normas regulan no sólo el permiso, sino el llamado fuero maternal -que no es objeto del presente estudio-, por lo que hemos de ceñirnos al permiso en referencia.

Por otra parte, si bien es cierto que el artículo 63 del Reglamento General de la Ley de Carrera Administrativa reguló lo referido a dicho permiso en mejores condiciones que la derogada Ley Orgánica del Trabajo; sin embargo, en la vigente ley laboral, el permiso post natal es muy superior, por lo que ha de entenderse que debe aplicarse la norma más favorable; en este caso, la regulada en los artículos 336 y 337 de la Ley Orgánica del Trabajo, los Trabajadores y Trabajadoras.

Una de las primeras particularidades que debemos identificar en todos los permisos de naturaleza médica y que establece una diferencia entre lo laboral y lo funcionarial, es que la Ley Orgánica del Trabajo, deja lo relativo a la indemnización correspondiente a lo establecido por la Seguridad Social; sin embargo, en el caso de funcionarios públicos, por tratarse de una situación administrativa, mantiene las mismas condiciones que si de un funcionario activo se tratara, por lo que mantiene el pago de los sueldos y demás emolumentos como si prestara el servicio de manera efectiva.

Sin embargo, en el caso de los reposos maternales, el Decreto con Rango, Valor y Fuerza de Ley Orgánica del Trabajo, los Trabajadores y las Trabajadoras, es categórica en su artículo 336, al indicar que la mujer amparada por esta norma "conservará su derecho al trabajo y al pago de su salario[26], de acuerdo con lo establecido en la normativa que rige la seguridad social". En el caso que planteamos, por tratarse de una funcionaria pública y encontrarse en una especial situación administrativa, no surge ninguna disyuntiva toda vez que se tiene como si de servicio activo se trata.

Por otro lado, si bien se corresponde el descanso maternal a un derecho de la madre, éste no es de su libre disposición, ni en cuanto

---

26 La noción de salario implica el pago por parte del patrono, debiendo ser diferenciado de la noción de indemnización o pensiones que generan los aportes del sistema de seguridad social.

al disfrute ni a la forma, toda vez que el sucumbir ante las presiones de la propia Administración, o ante la conveniencia de la funcionaria, ésta se crea en capacidad de disponer de los meses y la actividad, de manera de encuadrar todo a sus intereses, razón por la cual la propia ley prevé supuestos por los cuales es posible que la trabajadora no haga uso de todo el descanso prenatal, tales como que el parto sobrevenga antes de la fecha prevista o cuando medie autorización médica.

Esta última mención implica que no es la madre la que dispone libremente de la forma de disfrute del permiso, sino que en caso que el médico autorice que la trabajadora continúe ejerciendo sus funciones, ésta puede hacerlo, acumulando así el tiempo no disfrutado del permiso prenatal al post natal, toda vez que el patrono se puede exponer a una eventual sanción o indemnización, en caso que la trabajadora labore el periodo prenatal, y sobrevenga alguna complicación en el embarazo o nacimiento del niño que eventualmente sea imputable directa o indirectamente a la prestación del servicio, buscando con ello evitar igualmente que el patrono o la Administración, puedan imponer la continuación en la prestación del servicio, bien de manera directa o solapadamente. Así, será potestativo de la funcionaria -en el caso que nos ocupa- acumular el pre natal al post natal de manera voluntaria, siempre que medie la autorización médica a que refiere la Ley; es decir, la autorización médica genera el derecho en el funcionario a disponer la acumulación.

El artículo 337 del Decreto con Rango, Valor y Fuerza de Ley Orgánica del Trabajo, los Trabajadores y las Trabajadoras, prevé la situación inversa a la planteada anteriormente, y es que el permiso prenatal se extienda más allá de lo fijado en la Ley, porque el parto sobrevenga después de la fecha prevista, en cuyo caso, el permiso post natal no puede ser reducido.

El artículo 340 de la vigente ley laboral (anteriormente 387 de la Ley Orgánica del Trabajo) prevé una situación similar a la que nos ocupa, y es la adopción de niños menores de 3 años, en cuyo caso la Ley prevé un descanso de maternidad que ahora alcanza veintiséis semanas contados a partir de la fecha en que sea dado al menor en colocación familiar. Si bien este supuesto no se encontraría literalmente amparado en las previsiones del artículo 29 de la Ley del Estatuto de la Función Pública, por un principio de interpretación extensiva *in bonus* de los derechos, considero que resultaba aplicable en su oportunidad siendo que el conocimiento que tengo de su aplicación ha sido de casos aislados, pero todos bajo interpretación favorable de la Administración.

B. *DEL PERMISO PATERNAL*

Por otra parte, existen derechos en el mismo orden social, recogidos expresamente en la Ley Para Protección de las Familias, la Maternidad y la Paternidad, que debemos verificar si resultan aplicables en materia de funcionarios públicos.

Dicha norma, en su artículo 1, establece como objeto: "...establecer los mecanismos de desarrollo de políticas para la protección integral a las familias, la maternidad y la paternidad... asegurándole a todas y todos sus integrantes una vida digna y su pleno desarrollo en el marco de una sociedad democrática, participativa, solidaria e igualitaria".

La indicada Ley regula de manera expresa derechos propios de la mujer, nacidos de la protección que impone la Constitución de la República. Tal mención es necesaria, porque el cuerpo normativo refiere a trabajadores, y si bien es cierto, quien suscribe mantiene la convicción de una necesaria distinción entre trabajadores y funcionarios que impone la propia Constitución, debe ratificarse que la protección que la ley *in comento* refiere, alcanza tanto a los trabajadores como a los funcionarios públicos, en interpretación *in bonus*, en cuyo caso, la Sala Constitucional del Tribunal Supremo de Justicia ha extendido en el caso del permiso paternal.

Así, debemos traer a consideración, algunos permisos que la referida Ley otorga a los trabajadores y por vía de interpretación favorable, han de aplicarse igualmente a los funcionarios públicos, lo cual se desprende de la última parte del artículo 8 de la Ley Para Protección de las Familias, la Maternidad y la Paternidad, que referido a la inamovilidad laboral o denominado indebidamente "fuero paternal" expresamente señala: "En caso de controversia derivados de la garantía prevista en el presente artículo, en las cuales estén involucrados funcionarios públicos, éstas serán dirimidas por los tribunales con competencia en lo contencioso administrativo funcionarial".

Así, el primero de los permisos que refiere la citada ley, es el de paternidad, referido en el artículo 9, que reza:

> Artículo 9. Licencia de paternidad. El padre disfrutará de un permiso o licencia de paternidad remunerada de catorce días continuos, contados a partir del nacimiento de su hijo o hija, a los fines de asumir, en condiciones de igualdad con la madre el acontecimiento y las obligaciones y responsabilidades derivadas en relación a su cuidado y asistencia. A tal efecto, el trabajador deberá presentar ante el patrono o patrona el certificado médico de nacimiento del niño o niña, expedido por un centro de salud público o privado, en la cual conste su carácter de progenitor.
>
> En caso de enfermedad grave del hijo o hija, así como de las complicaciones graves de salud, que coloquen en riesgo la vida

> de la madre, este permiso o licencia de paternidad remunerada se extenderá por un periodo igual a catorce días continuos. En caso de parto múltiple el permiso o licencia de paternidad remunerada prevista en el presente artículo será de veintiún días continuos. Cuando fallezca la madre, el padre del niño o niña tendrá derecho a la licencia o permiso postnatal que hubiere correspondido a ésta. Todos los supuestos especiales deberán ser debidamente acreditados por los órganos competentes.
>
> El trabajador a quien se le conceda la adopción de un niño o niña con menos de tres años de edad también disfrutará de este permiso o licencia de paternidad, contados a partir de que la misma sea acordada por sentencia definitivamente firme por el Tribunal de Protección de Niños, Niñas y Adolescentes.
>
> Los permisos o licencias de paternidad no son renunciables y deberán computarse a los efectos de determinar la antigüedad del trabajador en la empresa, establecimiento, explotación o faena. Cuando un trabajador solicite inmediatamente después del permiso o licencia de paternidad las vacaciones a que tuviera derecho, el patrono o patrona están en la obligación de concedérselas. La licencia de paternidad será sufragada por el sistema de seguridad social.

Este permiso, distinto en esencia al permiso maternal, se equipará a éste en caso de fallecimiento de la madre. Tenemos entonces que el permiso para el padre por nacimiento de hijo o adopción de niños es originalmente de 14 días, y en caso de nacimiento múltiple de 21 días, para ocuparse de unas funciones específicas como padre: "asumir, en condiciones de igualdad con la madre el acontecimiento y las obligaciones y responsabilidades derivadas en relación [al] cuidado y asistencia" del niño. Surge por mandato de ley aun cuando nada enuncia de manera expresa como permiso de carácter obligatorio, cuya única condición de demostración para su procedencia es "presentar ante el patrono o patrona el certificado médico de nacimiento del niño o niña, expedido por un centro de salud público o privado, en la cual conste su carácter de progenitor". Dicho permiso puede extenderse hasta por 14 días adicionales en caso de enfermedad grave del hijo o hija. También es causal de extensión del permiso las complicaciones graves de salud que coloque en riesgo la vida de la madre.

Cabe destacar que, si bien es cierto, el permiso paternal es recogido por el Decreto con Rango, Valor y Fuerza de Ley Orgánica del Trabajo, los Trabajadores y las Trabajadoras en similares términos, al no extender el permiso en caso de nacimiento múltiple, enfermedad del niño o madre, resulta aplicar el más favorable, recogido en la Ley para Protección de las Familias, la Maternidad y la Paternidad en toda su extensión.

El permiso se otorga en condición de igualdad al caso de las madres, cuando se trate de adopción de un niño menor de 3 años.

En caso de muerte de la madre, el padre tendrá derecho al permiso post natal que hubiere correspondido a la madre. En este caso no se trata de un permiso de 14 días más el de las semanas según el caso del disfrute de la madre, sino que tiene derecho el padre al permiso que hubiere correspondido a la madre o lo que reste de este permiso.

La discusión podría presentarse en decidir si el lapso a disfrutar como permiso es el correspondiente al permiso legal post parto o post nacimiento, o el que ha de corresponder a la madre dependiendo de si disfrutó de todo o parte del descanso prenatal o no disfrutó del mismo y, en consecuencia, acumulado al post parto. Toda vez que no puede equipararse fisiológicamente el padre a la madre, siendo que la madre puede por conveniencia y previa autorización médica acumular el permiso pre natal con el postnatal, más se trata de una acumulación y no propiamente un permiso postnatal extendido. Así, dicha extensión no podría favorecer al padre de un niño cuya madre no disfrutó totalmente del prenatal siendo que en todo caso tendría derecho al post natal legalmente establecido, o del lapso que quedare pendiente del referido lapso post natal, en el supuesto contemplado en la norma. Por supuesto, tratándose de un hecho grave, que además afecta nociones que atiende a la fibra humana, surgen una serie de elementos subjetivos que deben ser ponderados por el jerarca que ha de otorgar el permiso, sin pretender un rigorismo absoluto, pues siempre existe la posibilidad de permisos potestativos.

En todo caso, el elemento que justifica el permiso no es el acontecimiento mismo del nacimiento y la celebración o gracia que éste podría causar, sino la necesidad de reposo y tiempo que amerita la llegada de un nuevo ser indefenso que requiere en muchos casos la exigente atención de los padres, en especial, cuando no se cuenta con ningún otro apoyo.

C. *PERMISOS DE ATENCIÓN FAMILIAR O FILIAL*

Otro permiso que escapa de las normas estatutarias y que busca un mismo fin es el referido a la atención de salud de los hijos menores de los funcionarios, cuya necesidad del permiso nace no en razón de la letra expresa de la Ley que regula la materia de funcionarios públicos, sino en razón del deber de atención que corresponde constitucional y legalmente a los padres y que se encuentra desarrollado en la LOPNA conjugado con el deber de solidaridad que conlleva la guarda, y en consecuencia al otorgamiento del permiso. No se trata de que el permiso que deba otorgarse para la atención de una persona mayor de edad, en pleno uso de sus capacidades, sino de aquellos menores que ameritan de la atención de sus padres, o que, siendo mayores, se encuentren legal o médicamente impedidos. En estos casos resultaría forzosa la revisión de las condiciones del permiso, pues se trata de la guarda del menor, que necesariamente resulta compartida, en cuyo caso, el permiso, si bien no se ha de otorgar a ambos padres, deberían turnarse en el deber de custodia y asistencia del menor, sin dejar dicha obligación a uno sólo de ellos, como resulta común en países como el nuestro, donde se pretende que la misma resulte obligación exclusiva de la madre, en especial, cuando hay madres que no cuentan con el apoyo de ningún otro familiar.

En todo caso, si bien es cierto, dicho permiso resulta potestativo, lo cual implica que está sujeto a la aprobación del jerarca, la noción de solidaridad y el deber de cuido, lo colocan, lógicamente considerado, **como si de un permiso obligatorio se tratara**, en aquellos casos en que la edad o condiciones del niño exigen la presencia de alguno de los padres.

Considero que en estos supuestos han de incluirse la protección de los ancianos, en el marco de la participación solidaria de las familias, en cuyo caso, el supuesto sería determinar cuál de los integrantes del núcleo familiar es el llamado a cumplir con el deber y en consecuencia, sujeto del permiso, entendiendo en todo caso que la obligación es compartida y solidaria, razón por la cual entre varios miembros del grupo familiar, el permiso, de ser necesario, debería alternarse entre los miembros de dicho grupo.

2. *De los permisos conforme al Reglamento General de la Ley de Carrera Administrativa*

Verificadas las situaciones administrativas en general, y los permisos en particular contemplados en la Ley del Estatuto de la Función Pública y otras leyes, corresponde la revisión de los permisos, que de acuerdo con las previsiones del artículo 26 de la citada ley, se establecen en el Reglamentos de la Ley de Carrera Administrativa y que la propia ley indica que pueden ser con goce o sin goce de sueldo.

A. *Generalidades*

Si bien es cierto no ha sido dictado ningún reglamento de la Ley del Estatuto de la Función Pública, en virtud del principio de la inderogabilidad singular de los reglamentos, se aplica el Reglamento General de la Ley de Carrera Administrativa, cuya Sección Segunda del Capítulo I del Título III, a partir del artículo 49 y siguientes, regula lo referido a los permisos y licencias.

Después de esa primera clasificación conforme a la Ley como permisos con o sin goce de sueldo, el artículo 50 del Reglamento indicado señala que los permisos pueden ser obligatorios o potestativos, aclarando que los obligatorios son remunerados (salvo el del Servicio Militar), mientras que los potestativos pueden ser remunerados o no, siendo que el artículo 51 regula como límite máximo de los permisos no remunerados a 3 años, agregando la norma que vencido este lapso se procederá a reincorporar o a reubicar al funcionario.

Esta última mención tiene honda significación toda vez que por su propia naturaleza los permisos implican la autorización para ausentarse o separarse del servicio activo, garantizando la permanencia en el cargo, siendo que el cargo natural no puede ser cubierto y en todo caso, de ser absolutamente necesario, se cubriría con los denominados funcionarios "temporales", bien por la vía de la comisión de servicio, traslado temporal, suplencia (cuando corresponda[27]), el llamado interinato, etc.

Sin embargo, al establecer la norma que el funcionario podría ser reubicado, da a entender que el cargo que desempeña ha sido cubierto de manera permanente, siendo que de resultar infructuosa la reubicación, podría sobrevenir el retiro por una causa distinta a las expresamente contempladas como tales en la Ley del Estatuto de la Función Pública en su artículo 78, salvo que se ubique en el comodín genérico de su numeral 7 "por cualquier otra causa prevista en la presente Ley", siendo que dicha causal no se encuentra contemplada en la ley. Así, un permiso podría dar lugar a un retiro, desnaturalizando la permanencia en el servicio.

El artículo 52 del Reglamento contiene el núcleo fundamental de lo que se entiende por situación administrativa, cuando prevé expresamente que el tiempo de duración de los permisos no remunerados se tomará en consideración a los efectos de la jubilación, del pago de las prestaciones sociales y de la determinación del período de vacaciones.

Conforme lo anteriormente expuesto debe distinguirse lo que corresponde a la determinación del periodo de vacaciones, que conforme a la Ley se computa por quinquenios, a lo correspondiente al disfrute, del que el propio artículo exige la prestación efectiva del servicio; es decir, el tiempo generado durante los permisos se computa a los fines de ubicarlo en un quinquenio determinado en razón de la

27 Debe aclararse que, en la generalidad de las normas, no existe la figura de la suplencia, salvo en el caso de docentes, asistenciales y algunas convenciones colectivas.

antigüedad en el servicio, más no a los fines de disfrutar periodos de vacaciones que supuestamente se hubieren generado durante el permiso, pues la temporalidad del permiso no generaría derecho al disfrute de vacaciones.

Por otra parte, debe indicarse que si bien -en principio- las situaciones administrativas responden a normas de estricto Derecho público, vinculadas con la noción de permanencia y estabilidad del funcionario, lo que corresponde a los permisos fue objeto de deslegalización cuando la propia Ley deja en manos del Reglamento General su determinación, lo cual, adicionado al hecho que existe una cláusula abierta a favor del jerarca que otorgará el permiso cuando lo crea necesario y en las condiciones que establezca, los permisos distintos a los establecidos en la Ley pueden ser objeto de regulación o disposición en convenciones y contratos colectivos, sin afectar en lo más mínimo, materia reservada a la Ley, en cuyo caso privaría la disposición de las partes.

Volviendo a lo anteriormente indicado el permiso puede ser obligatorio o potestativo; sin embargo aun cuando no pueda existir causa para negar un permiso obligatorio, el permiso debe ser solicitado, y el funcionario está obligado a tramitarlo (salvo en casos que opere como justificativo de ausencia), otorgarlo y expedir de manera expresa la autorización, y en el supuesto negado que lo rechazara asumirá la responsabilidad por tal hecho, pero no exime al funcionario de prestar el servicio debiendo –a veces, en los casos en que proceda– esperar la manifestación expresa; en especial, cuando de acuerdo a la índole de sus funciones no puede abandonar el servicio.

En todo caso, tanto la Constitución, como la Ley Orgánica de Procedimientos Administrativos, Ley Orgánica de Administración Pública y la Ley de Simplificación de Trámites Administrativos, prevé la necesidad de pronunciarse de manera expresa y oportuna ante cualquier solicitud que le sea presentada a la Administración, y cuya omisión, puede acarrear la responsabilidad del funcionario que debiendo responder, no lo hace oportunamente, pero debe entenderse que la omisión de respuesta no puede considerarse como el tácito otorgamiento o la anuencia para la separación del cargo, salvo que suceda situaciones como las indicadas anteriormente (justificación de ausencia), en cuyo caso no se trata de la tramitación de permiso sin respuesta, sino la imposibilidad de tramitarlo.

B. *De los permisos obligatorios*

El artículo 57 del Reglamento de la Ley de Carrera Administrativa refiere cuáles casos generan permisos de carácter obligatorio y su duración, señalando:

1. Fallecimiento de ascendientes, hijos o cónyuge de funcionario, dos días laborables si el deceso ocurriere en el país y siete días laborables si ocurriere en el exterior y el empleado tuviere que trasladarse al lugar del deceso.
2. Matrimonio del funcionario, cinco días laborables.
3. Nacimiento de un hijo del funcionario, dos días laborables.
4. Cumplir actividades de dirigente sindical.
5. Comparecencia obligatoria ante autoridades legislativas, administrativas o judiciales, por el tiempo necesario.
6. Participación activa en eventos deportivos nacionales o internacionales en representación del país, a solicitud de los organismos competentes, el tiempo requerido para el traslado y participación.

a. Fallecimiento de familiares

El caso previsto en el punto 1, referido a fallecimiento, pudiere evitar que se tramite el permiso de manera previa como lo exige el común de la norma, toda vez lo imprevisto del acontecimiento, lo cual se agrava en primer lugar, dependiendo de la burocracia en el organismo para su trámite; y en segundo lugar, dependiendo de la necesidad del funcionario de realizar todos los trámites referido al sepelio o cremación, que pudiera estar totalmente sobre los hombros del funcionario, entendiendo que en Venezuela la muerte de un familiar puede ser un verdadero vía crucis (aunado al choque emocional que implica la muerte de un ser querido), que puede eventualmente implicar varios días de guardia para la entrega del cadáver, búsqueda de funeraria, parcela o cupo de horno crematorio, efectivo sepelio o cremación, etc.

Debe considerarse que la norma refiere a los familiares más cercanos al funcionario (ascendientes, hijos o cónyuge), donde no sólo se suma lo complejo de los trámites, sino el dolor que implica la pérdida de un ser querido y que, en muchos casos, puede ser el mismo funcionario el único llamado a realizar todas las gestiones burocráticas que siguen al deceso. De allí, que seguirse y exigirse de manera rigurosa el trámite y otorgamiento de permiso pudiere conllevar a un tratamiento si no inhumano, por lo menos desconsiderado.

b. *Matrimonio*

El segundo de los casos (matrimonio), siendo que en la mayoría de las veces (si no en todas) es un acto planeado, puede permitir el trámite ordinario del permiso (con la excepción de lo previsto en el artículo 77 del Código Civil).

c. Nacimiento

El caso del nacimiento de un hijo del funcionario se encuentra referido al supuesto que se trate del cónyuge o pareja de la mujer o en todo caso el padre, pues el parto genera un permiso distinto a la madre cuando es la funcionaria o trabajadora; sin embargo, el permiso que pudiera corresponder al padre queda suplido por lo expuesto con referencia a la Ley para Protección de las Familias, la Maternidad y la Paternidad, que recoge la protección constitucional a la paternidad y referido anteriormente.

Este permiso debe ser previamente tramitado, dado que no se trata de un hecho imprevisto, quedando la variación sólo de la fecha de nacimiento, que puede oscilar entre la prevista y la efectiva del nacimiento y que, de conformidad con la ley citada, el permiso surge ante la presentación o constancia de nacimiento del niño y su vínculo con el funcionario.

d. Cumplimiento de actividades sindicales

El cuarto de los supuestos, referido al cumplimiento de actividades sindicales ha sido tergiversado en la práctica en varios organismos. Se trata de un permiso obligatorio, entendiendo siempre que dichos permisos son para el efectivo cumplimiento de la obligación o causa que origine el permiso. Así, puede que se verifique una actividad sindical determinada (Asambleas, preparación de Asambleas, Cursos, reuniones en la O.I.T. u otros organismos o centro de capacitación, asistencia a los afiliados al sindicato, discusión de contratos, etc.) que amerite el otorgamiento del permiso para el cumplimiento de dicha actividad. En muchas oportunidades, la actividad sindical se convierte en una licencia para el abandono de las labores ordinarias del funcionario durante todo el periodo de representación sindical, amparado por la dirigencia del órgano o ente.

Debe recalcarse que se trata de un permiso para atender ciertas y específicas situaciones; sin embargo, ha sido práctica común y que constituye a su vez una aberración, la exigencia de un permiso por parte de todos los miembros de la representación sindical de que se trate, por todo el tiempo que ejerzan las funciones, lo que conlleva a la ausencia absoluta del ejercicio de las funciones ordinarias, por el sólo hecho de ser elegido dirigente sindical.

Existen cargos sindicales que pueden implicar per se, la necesidad de abocarse a tiempo completo a las funciones propias del sindicato y que dependerá ciertamente de lo amplio de la masa de afiliados de que se trate, tales como presidente o secretario general, secretario de reclamos, etc.; o como en otros casos, dada la actividad sindical en un momento determinado puede implicar la necesidad que un número considerable de sindicalistas o que todos los dirigentes sindicales se aboquen a una determinada actividad, en cuyo caso, como se ha indicado, el permiso luce obligatorio. El permiso podría ser, según el caso, a media jornada dependiendo de las necesidades, pero de allí a entender que el permiso implica la autorización a jornada completa por todo el tiempo que el funcionario ejerza funciones sindicales y muchas veces a todos los dirigentes, constituye un evidente exabrupto y desnaturalización tanto del permiso, como de las funciones sindicales; sin embargo, ha de aclararse que otorgado el permiso bajo unas condiciones, mientras que el mismo permiso subsista, no puede modificarse salvo que sea justificado y notificado. En todo caso no considero que el sindicalista pudiere aducir derechos adquiridos y hace que el acto que otorgó el permiso luzca revisable o revocable.

e. Servicio militar

Por otra parte, el artículo 58 del Reglamento prevé el permiso no remunerado para quien fuere llamado a cumplir Servicio Militar; sin embargo, con la modificación de la Ley que regula el Servicio Militar no podemos hablar técnicamente como "llamado" a cumplir servicio, ya que el mismo resulta voluntario. Así, si algún funcionario se alista para el Servicio Militar surge igualmente la necesidad del permiso.

El Parágrafo Único del mismo artículo regula la figura del reentrenamiento o instrucción militar, que puede en la actualidad suceder, no sólo en caso de Servicio Militar, sino en de las denominadas "milicias", que incluyen un entrenamiento, así como un mayor reentrenamiento y concentraciones, que implican a su vez la concesión del permiso siempre que no sea tergiversado y usado para cubrir funciones ajenas a lo que implica el entrenamiento o reentrenamiento, tal como ha sucedido en los últimos años, para actividades proselitistas en la política.

f. Comparecencia obligatoria

Comparecencia obligatoria ante autoridades legislativas, administrativas o judiciales, por el tiempo necesario. Cabe destacar que dicho permiso no puede estar sometido a plazo o frecuencia, pues va a depender de la citación por parte de la autoridad. En algunos proyectos de contratos o convenciones, así como normativas internas, han pretendido colocar límites a dichos permisos.

En tal sentido debemos indicar que, en los términos del reglamento, el mismo luce obligatorio, por el tiempo y con la frecuencia que las autoridades decidan.

g. *Asistencia a actividades deportivas en representación*

La norma es clara en cuanto a la exigencia que hace procedente el permiso como obligatorio, y es que refiera a participación activa en el deporte de que se trate. Debemos entender por participación activa a aquél deportista que efectivamente va a representar en la competencia, bien como titular o del denominado "banco" o deportista que eventualmente va a participar en caso de que el "titular" tuviere algún inconveniente (si fuere el caso), incluyendo también a entrenadores. Eso excluye en un primer plano a personal de apoyo distinto a los participantes (médicos, animadores, etc.).

El evento puede ser indistintamente de talla nacional o internacional, lo cual podría incluir a los juegos gremiales nacionales, por lo que en estrictos términos de ley se excluiría a los regionales o locales; sin embargo, estos juegos son requisitos esenciales para superar o sumar *ranking* para juegos nacionales e internacionales, por lo que la prudencia sugiere otorgar el permiso igualmente en participación en dichos juegos.

Considero que debe alcanzar igualmente a los entrenamientos, en especial, a los competidores de alta gama.

La norma exige la solicitud de los organismos competentes.

h. *Permisos por razones médicas*

Por su parte, los artículos que van del 59 al 62 regulan lo referido a los permisos por razones médicas por el tiempo que duren las causas que lo originan, sin que pueda excederse el lapso previsto en la Ley del Seguro Social, que en sus artículos 9 y 10 establece:

> Artículo 9: Los asegurados tienen derecho en caso de incapacidad temporal para el trabajo debido a enfermedad o accidente, a una indemnización diaria desde el cuarto día de incapacidad. La duración y atribución de las indemnizaciones diarias no podrán exceder de 52 semanas para un mismo caso.
>
> Artículo 10: Cuando el asegurado, sometido a tratamiento médico por una larga enfermedad, agotare el lapso de prestaciones médicas y de prestaciones en dinero por incapacidad temporal,

tendrá derecho a continuar recibiendo esas prestaciones siempre que haya dictamen médico favorable a su recuperación.

De allí que la aplicación a que se hace a la Ley del Seguro Social no refiere a la indemnización, que no tendría cabida, pues toda vez que considerando al funcionario como en servicio activo, no percibe indemnización complementaria por reposo sino su sueldo, por lo que la aplicación de la Ley del Seguro comentada es en referencia a la duración máxima de 52 semanas. El problema surge en aquellos casos en la situación médica supera el de 52 semanas y no se ha tramitado la incapacidad o la misma ha sido negada.

En estos casos, si el médico tratante ha mantenido el reposo -y así ha sido avalado en los casos que dicha aval proceda- no podría aplicarse ninguna otra consecuencia al funcionario, pues priva el derecho a la salud, frente a la redacción de la norma, sin que sea dable aplicar medidas de retiro o suspensión, pues el funcionario mantiene su condición de situación administrativa, siendo en todo caso lo procedente la incapacidad[28], como será desarrollado posteriormente.

Pese a que el citado artículo 59 del Reglamento de la Ley de Carrera Administrativa refiere, que el permiso a que tiene derecho el funcionario será por el tiempo que duren las circunstancias que lo originan, el artículo 61 del mismo instrumento reglamentario establece que los permisos serán concedidos por un máximo de quince días continuos, prorrogables si fuere el caso y sometidos a los controles que establezca el organismo. Ha de entenderse entonces que el permiso durará todo el tiempo que dure la contingencia médica -en principio- y será otorgado por períodos de 15 días continuos.

Los controles a que se refiere la norma puede ser evaluaciones periódicas para determinar la evolución del siniestro o la enfermedad y de ser necesario, alargar o acortar la duración definitiva de los permisos.

Por su parte el artículo 60 del Reglamento citado regula la forma en que ha de tramitarse el permiso indicando que: "Para el otorgamiento del permiso previsto en el artículo anterior, el funcionario deberá presentar certificado médico expedido por el Instituto Venezolano de los Seguros Sociales, si el funcionario está asegurado, o expedido por el Servicio Médico de los organismos, si no lo está. Excepcionalmente, cuando no se den las circunstancias anteriores, el funcionario presentará los comprobantes del médico privado que lo atiende".

---

28 No debemos obviar la actuación que ha tenido el Ministerio Público, en caso de uso fraudulento de permisos médicos, siendo igualmente imputados los funcionarios que hacen uso de los mismos, como los médicos o particulares que prestaron su anuencia para el fraude.

La norma regula un orden de prelación en cuanto a quien expide el certificado señalando que de estar asegurado debe ser expedido por el Seguro Social, y de no estarlo, por el servicio médico del organismo. Vale acotar que conforme a las obligaciones impuestas en la Ley del Seguro Social, todos los funcionarios habrían de estar inscritos en el Seguro Social, salvo algunas excepciones reconocidas jurisprudencialmente[29], razón por la cual debería generalmente presentarse el certificado por el Seguro Social; sin embargo, en la práctica ha sido contrario el orden de preferencia, siendo que si existe servicio médico, éste avala el reposo y sólo cuando el organismo no tiene disponible dicho servicio, el del Seguro Social.

Por otra parte, en distintos estatutos internos han implementado el procedimiento para "validar" dichos reposos pretendiendo regularlos a través de lo previsto en la Ley Orgánica del Trabajo y su Reglamento, o lo referido en cualquier otra ley, o imponiendo procedimientos *sui generis* a tales fines. A su vez, el Reglamento General de la Ley del Seguro Social, no regula propiamente el proceso para certificar la enfermedad, sino que en su artículo 147 prevé que el derecho a la indemnización diaria nacerá el día en que la incapacidad sea certificada por el médico tratante del asegurado y que esté al servicio del Instituto, dejando a salvo que el asegurado presente pruebas suficientes a juicio del Ente que su incapacidad es anterior a dicha fecha y que ha estado en imposibilidad de declararla en tiempo.

En tal caso, surge la interrogante que ha sido resuelta por algunos órganos jurisdiccionales, de lo que puede suceder en caso de que el funcionario no diere cumplimiento a la forma indicada, en cuanto a si el reposo otorgado, valida o no la ausencia. En este sentido, un sector asume el criterio que una cosa es faltar sin justificar la ausencia y, otra muy distinta, es faltar por motivos justificados y no tramitar conforme a normas sublegales el reposo otorgado, en cuyo caso no habría inasistencia injustificada[30], sino, en todo caso, incumplimiento de deberes, mientras que otro sector señala que si el permiso no se encuentra debidamente tramitado, no justifica la

29 Entre las excepciones encontramos las de los abogados. Sin embargo, considero que el supuesto en el cual se basó dicha exclusión, (que el Inpreabogado constituye un sistema de seguridad social que cubre al afiliado), carece de asidero en el sentido que no constituye una protección dentro del sistema de seguridad a que se refiere la Constitución y la Ley, además del supuesto que no todos los abogados se encuentran al día en sus aportes al Instituto.

30 Esta constituye sin duda la posición que hemos asumido, y que anteriormente fue planteada en el trabajo "Anotaciones sobre las pruebas en el proceso administrativo III", publicado en *Ley Orgánica de la Jurisdicción Contencioso Administrativa. Un balance a los tres años de vigencia*, FUNEDA, Caracas 2014, p. 77.

ausencia, independientemente del hecho que se quiera probar con dicho documento.

Hay que destacar que aceptar *a priori* el hecho de que si un funcionario no tramite por ante la propia Administración regularmente un reposo válidamente expedido, o lo consigne fuera de los plazos que sean estipulados internamente (segundo de los supuestos), sea suficiente para considerarlo como inasistencia injustificada, constituye una grave afectación al principio de presunción de inocencia, pues de nada valdría que el supuesto de enfermedad o cualquier otra justificación existiese y se haya otorgado válidamente el reposo por parte de un médico, que incluso podría ser un médico a la orden de una institución pública, ni tampoco tendría mayor valor el procedimiento administrativo sancionatorio que se ha de seguir para verificar si se configuró la falta, ya que la falta estaría configurada y perfeccionada -en el entendido de la Administración-, independientemente de que se pretenda probar la condición de la inasistencia, por el hecho de no haber consignado un permiso oportunamente[31], siendo entonces considerado una falta objetiva, lo cual se encuentra cuestionado en toda la doctrina sancionatoria y contraría expresamente lo señalado en el artículo 49 constitucional.

Considero que en todo caso, el no dar debido trámite a un permiso podría ser considerado de manera autónoma una falta, más no la tipificada como inasistencia injustificada, pues es precisamente para determinar la justificación que se tramita el procedimiento disciplinario, y sólo como producto del mismo, determinar si existe falta, su imputación y la responsabilidad del funcionario investigado, siendo que de otra manera, el procedimiento se convierte en un cascarón vacío para justificar la decisión del jerarca.

Por otra parte se ha pretendido aducir en algunos casos que la extensión del permiso permite o impone a la Administración, que la remuneración sea reducida en los términos o alcance que el Seguro Social cubra el acontecimiento de la enfermedad en su misma proporción; sin embargo, tal situación desvirtuaría la noción de situación administrativa y en consecuencia considerarse como en servicio activo, toda vez que la noción implica en principio el mantenimiento de las condiciones como si efectivamente cumpliera con el servicio, lo cual implica el pago total del sueldo correspondiente.

Cabe destacar que el pago no constituye en sí mismo una condicionante para que exista la situación administrativa, pues los permisos no dejan lugar a dudas que constituye una situación

31 Cabe resaltar que el procedimiento instaurado por el IVSS, notifica institucionalmente a la Administración o patrono (según sea el caso), de la expedición del permiso, lo que disminuye sustancialmente la posibilidad de arbitrariedades en este sentido.

administrativa y en algunos casos pueden ser remunerados o no. No cabe duda de que siendo el reposo una causal para que el permiso otorgado deba serlo con carácter remunerado, el pretender reducir el pago de dicha remuneración afectaría la noción misma del tipo de permiso y su apreciación como situación administrativa, siendo que, en consecuencia, no sería posible aplicar tal criterio.

i. *Enfermedades graves o de larga duración*

Por otra parte, de conformidad con el artículo 62, en los casos de enfermedades graves o de larga duración, los permisos serán extendidos mensualmente, siempre que no excedan las 52 semanas a que se refiere la Ley del Seguro Social. Así, el referido artículo señala:

> Artículo 62. En los casos de enfermedad grave o de larga duración, los permisos serán extendidos mensualmente y prorrogables por igual período, siempre que no excedan del previsto en la Ley del Seguro Social.
>
> A partir del tercer mes, el organismo solicitará del Instituto Venezolano de los Seguros Sociales, o del Servicio Médico de los organismos o de una Junta Médica que designará al efecto, el examen del funcionario para determinar sobre la evolución de su enfermedad y la prórroga del permiso.
>
> Cuando sea procedente se deducirá de la remuneración correspondiente el tiempo de permiso, la indemnización que corresponda al funcionario conforme a la Ley del Seguro Social.

La norma luce categórica, en el caso del nombramiento de la junta médica del Seguro Social, o del Servicio Médico del Organismo, para examinar al funcionario y evaluar la evolución de la enfermedad; sin embargo, en la práctica se verifica que, en la mayoría de los casos, dicha obligación se cumple una vez vencidas o cerca de vencerse el término de 52 semanas de reposo, o sólo cuando se presuma la falsedad del permiso.

La referencia a la reducción de la indemnización operaría en aquellos casos en que el funcionario en su condición de afiliado al Seguro Social hubiere cobrado dicha indemnización, toda vez que tal conducta llevaría a un enriquecimiento sin causa por parte del funcionario. Sin embargo, soy del criterio que toda vez que constituye una situación administrativa, en la cual el funcionario habría de percibir la totalidad del salario, no cabe el cobro de la indemnización por parte del Seguro Social.

Debe recalcarse que en caso que el funcionario cobrare el sueldo correspondiente al ejercicio del cargo (deber ser), conjuntamente con la indemnización del seguro social, podría estar incurso en una situación de cobro indebido, en cuyo caso no procede el pago de la contingencia por parte del Instituto Venezolano de los Seguros Sociales, y en caso que un funcionario cobre el sueldo y a su vez la contingencia, incurre en supuestos de responsabilidad administrativa, cobro indebido y enriquecimiento sin causa y lo convierte en sujeto eventualmente sometido a procedimientos civiles, penales y administrativos según sea el caso.

C. *DE LOS PERMISOS PARA ATENDER OTRAS ACTIVIDADES*

El Reglamento General de la Ley de Carrera Administrativa regula el permiso para atender otras actividades tales como cargos académicos, accidentales, docentes o asistenciales, actividades éstas que constitucionalmente resultan compatibles con el ejercicio de la función pública de conformidad con las previsiones del artículo 148; sin embargo, se debe entender que cuando pueda afectar el normal desenvolvimiento del cargo, establece limitaciones. Así, el artículo 64 del citado reglamento expresa:

> Artículo 64. Quienes presten servicio a la Administración Pública Nacional tendrán derecho a que se les conceda un permiso de hasta seis horas semanales para desempeñar cargos académicos, accidentales, docentes o asistenciales, cuando tales actividades no menoscaben el cumplimiento de sus labores.
>
> Si el cargo accidental requiere tiempo completo para su desempeño el permiso será concedido sin remuneración.
>
> El permiso a que hace referencia este artículo se reducirá a la mitad cuando el funcionario preste sus servicios a la Administración Pública Nacional, con horario inferior a las treinta y cinco horas semanales.
>
> En todo caso el funcionario trabajará por lo menos treinta y cinco horas semanales.

No se trata del permiso para que el funcionario asista a actividades docentes o académicas de manera general, ordinaria o permanente en el horario que le convenga al funcionario, sino para desempeñar dichos cargos "cuando tales actividades no menoscaben el cumplimiento de sus labores". Dicha redacción luce un poco complicada, sobre todo cuando tomamos en consideración que el funcionario se encuentra sometido al horario de la Administración y que, en todo caso, debe privar un cierto criterio de igualdad.

Así, considero que, si el cargo desempeñado en paralelo colida con el horario establecido al cargo que se ejerce en la Administración, podríamos estar en presencia de un solapamiento o cabalgamiento de horarios. Por lo tanto, el permiso establecido en la norma se ha de referir más bien a aquellos casos esporádicos donde la actividad paralela exige la presencia en un horario que eventualmente pudiere colidir con el normalmente desempeñado.

Así, podría tratarse -a título de ejemplo no limitativo- a la temporada de exámenes en ejercicio de actividad docente, donde el horario o calendario de exámenes lo impone la institución docente, reuniones especiales o extraordinarias, discusiones de proyecto y tesis, actos solemnes, etc., situaciones éstas donde se activaría la posibilidad del permiso; más sin embargo, aceptar una cátedra en horario que corresponde al del ejercicio de la actividad ordinaria, puede significar una modificación del horario del funcionario que podría afectar las labores ordinarias de éste.

En este sentido, aun cuando la norma establece la posibilidad del otorgamiento del permiso, el mismo no puede entenderse que modifique el horario, sino que, como eventualidad, ha de otorgarse.

D. *De los permisos potestativos*

El Reglamento General de la Ley de Carrera Administrativa regula otros permisos que surgen en dicha normativa como potestativos, aun cuando muchos de ellos han sido contemplados como de obligatorio otorgamiento en algunas convenciones colectivas o contratos colectivos que regulan la Administración Pública.

Por tratarse de una actuación potestativa y por ende discrecional de la Administración, no existe ninguna imposición para su otorgamiento; sin embargo, toda vez que la negativa debe estar fundamentada en un acto administrativo, debe ser debidamente motivado y justificado. Así, los actos discrecionales exigen una mayor motivación, pues el afectado tiene el derecho a conocer las causas por las cuales se tomó la decisión en un sentido o en otro, evitando arbitrariedades, actos discriminatorios o tendentes al *moobing*.

El artículo 65 del citado Reglamento expresa:

Artículo 65. Serán de concesión potestativa los siguientes permisos:

1. En caso de enfermedad o accidente grave sufrido por los ascendientes, descendientes a su cargo o cónyuge del funcionario, hasta quince días laborables.
2. En caso de enfermedad o accidente grave ocurrido fuera del país a los ascendientes, descendientes a su cargo o cónyuge del funcionario y éste tuviera que trasladarse a su lado, hasta veinte días laborables.

3. En caso de siniestro que afecte bienes del empleado hasta cuatro días laborables según la distancia al lugar y la magnitud de lo ocurrido.
4. Para asistir a conferencias, congresos, seminarios, hasta por la duración del evento.
5. A los empleados que cursan estudios, hasta cinco horas semanales.
6. Para asistir a exámenes como examinador o examinado, el tiempo necesario para cada prueba.
7. Para efectuar diligencias personales, debidamente justificadas, el tiempo necesario en cada ocasión.
8. Si el empleado obtiene una beca para estudios relacionados con la función que desempeña, el tiempo de duración de la beca.
9. En cualquier otro caso en que el funcionario a quien corresponda otorgar el permiso lo considere procedente y por el tiempo que a su juicio sea necesario.

Los permisos a que se refiere este artículo serán remunerados, salvo los previstos en los numerales 8 y 9, que podrán serlo o no.

Los 3 primeros permisos surgen más por razones humanitarias siendo que en algunos casos persiste un deber de solidaridad que impone la exigencia de la concesión del permiso, a los que hicimos breve referencia anteriormente; sin embargo la norma lo dejó a la potestad y criterio del funcionario llamado a otorgarlo, en cuyo caso debería ponderarse la imposibilidad de asistencia de algún otro miembro del grupo familiar, la gravedad de la enfermedad y otros factores para la determinación de la necesidad de otorgarlo.

Pese a lo indicado, se tiene que, de conformidad con otras normas de carácter legal, dicho permiso deja de ser potestativo para convertirse en un permiso obligatorio en los casos de niños y adolescentes, pues la ley de la materia impone con más severidad la obligación de auxilio debido, atendiendo a las necesidades del niño o adolescente.

Incluso, podría darse el caso que el afectado no sea propiamente el menor de edad, sino la madre de éste, pero en atención a las necesidades del menor, el permiso para el padre puede tornarse en obligatorio, en una aplicación extensiva de la norma aplicando una noción de interpretación sistemática, donde el sujeto protegido en la Ley Orgánica para la Protección del Niño, Niña o Adolescente impone la obligación del cuidado al niño.

Por otro lado, el supuesto referido a los permisos para asistir a conferencias, congresos, seminarios, atienden a la necesidad de capacitación del funcionario.

En cuanto a los permisos para cursar estudios, ha de suponerse que su otorgamiento debe atender a circunstancias excepcionales, tales como actividades extraordinarias o la imposición de un horario distinto de manera eventual (cursar una materia fuera del horario ordinario, etc.), pues de lo contrario podría suponer una marcada diferencia con el horario de los otros funcionarios. Lo mismo sucede cuando el funcionario pretende inscribir una o varias materias que colide con el horario de trabajo teniendo posibilidad de inscribirla en un horario que no menoscabe la función pública desempeñada.

Las 5 horas semanales del permiso en este caso, podrán ser distribuidas a lo largo de la semana o en una sola jornada, atendiendo a las imposiciones de los estudios. Situación distinta es la de examinador o examinado, entendiendo que los exámenes son eventuales, y en algunas oportunidades no es posible para la persona escoger una fecha u hora distinta para celebrarlo, sino que es impuesto por la institución.

Con referencia a las diligencias personales, la misma no tiene un lapso determinado, salvo el necesario para gestionarlo en cada ocasión.

En todo caso, el numeral 9 del mismo artículo permite una mayor discrecionalidad al regular que en cualquier otro caso en que el funcionario a quien corresponda otorgar el permiso lo considere procedente y por el tiempo que a su juicio sea necesario, lo cual no se encuentra limitado a circunstancia, modo o temporalidad alguna, permitiendo así incluso las excedencias por razones de salud del propio funcionario reguladas en otras legislaciones y que en Venezuela no tienen cabida expresa en la Ley.

Incluso, la redacción del citado numeral permite que en un caso determinado, el permiso que aparentemente se encuentra limitado en cuanto a lo temporal en el mismo artículo, sea modificado en su duración (indeterminado) por el propio funcionario otorgante, tal como podría suceder con el permiso para atender enfermedades de familiares, con la condición de que si el permiso es otorgado por el tiempo expresado en la norma que lo contiene, ha de ser necesariamente remunerado, siendo que si es otorgado por la norma que lo amplía el exceso puede ser o no remunerado.

Lo importante en todo caso, es que el otorgamiento de permisos no se convierta en un modo de satisfacer intereses particulares como el de beneficiar a los allegados, mientras que por otro lado tampoco puede ser usado para limitar el derecho de otros, o que sea sometido a otras condiciones, tal como puede ser la revisión de la conducta funcionarial de la persona, para de esta manera negar un permiso que humanitariamente puede corresponder.

E. *DE LA FORMA Y TRÁMITE DEL PERMISO*

El Artículo 53 del Reglamento justifica la noción de permiso otorgada al principio del presente capítulo, toda vez que el permiso es un acto expreso que debe ser tramitado y otorgado. Señala el citado artículo que "La solicitud de permiso se hará por escrito con suficiente anticipación a la fecha de su vigencia, ante el superior inmediato, quien la tramitará por ante el funcionario que deba otorgarlo. Cuando el caso lo requiera, se acompañarán los documentos que la justifiquen".

Cuando revisamos los distintos permisos regulados en la Ley, existe una cantidad considerable de ellos que refiere a circunstancias perfectamente planificadas y que permiten el trámite previo de manera fluida, tal como puede ser la realización de estudios en el exterior, operaciones programadas, ciertos exámenes o consultas médicas, cursos, exámenes académicos, etc. En estos casos debe ser necesariamente tramitado, lo que no implica que deba ser necesariamente otorgado; sin embargo, en todo caso de negativa debe ser perfectamente motivado.

Podría darse la situación que se niegue el permiso obligatorio, en cuyo caso podría el funcionario afectado acudir por ante la jurisdicción contencioso administrativa funcionarial a reclamar ante la actitud presentada, lo cual podría acarrear la responsabilidad personal del funcionario que indebidamente haya negado el permiso; pero eventualmente, podría suceder que no se trate de una negativa absoluta, sino condicionada a los días solicitados o en las circunstancias solicitadas, o ante la necesidad de gestionar una persona que ocupe un cargo que no puede quedar vacante, siempre que tal condición no sea producto de la arbitrariedad o del humor del funcionario que tramita o expide el permiso, pues tal como se indicara anteriormente, la actitud de éste también podría acarrear responsabilidad. Esa decisión conforme al artículo 54 del Reglamento deberá ser debidamente notificada al interesado y a la oficina de personal de manera que repose en su expediente.

Así, en puridad de Derecho el permiso tiene que ser escrito -en principio-, expreso y válidamente notificado, entendiendo que si no existe en este modo no existe permiso y, en consecuencia, no se encuentra amparada la inasistencia, ni aun tratándose de una situación que genere un permiso obligatorio. Existen casos en los que el funcionario superior otorga permiso de manera verbal, corriendo el riego de que sea posteriormente desconocido, en cuyo caso, ante el mandato de la norma poco valdrían testigos que aseveren que el permiso fue expresamente otorgado, o que el funcionario que autorizó verbalmente no sea el competente para dictar el acto expreso, siendo que la autorización verbal no lo sustituye, salvo en los casos en que opera como justificativo de ausencia.

De la misma forma que se exige que el permiso sea expreso y notificado, cualquier eventual revocatoria del mismo debe ser de la misma manera motivado, expreso y válidamente notificado, entendiendo que un permiso obligatorio no podría ser revocado, y en todo caso, de ser revocado tendría que ser concertado para la reincorporación efectiva del funcionario.

Hemos visto que en algunas oportunidades, a un funcionario se le suspende algún permiso válidamente otorgado (independientemente que sea obligatorio o potestativo), o disfrutando del derecho de vacaciones y posteriormente es destituido por su no reincorporación, aduciendo abandono del trabajo, sin que conste que fuere válidamente notificado (se aducen llamadas telefónicas en algunas oportunidades), y en todo caso aun cuando efectivamente se logre la notificación, en casos como vacaciones debe entenderse que se trata del goce de un derecho constitucional; que quizás, para su disfrute, el funcionario comprometió ingentes cantidades de dinero (pasajes, hoteles) o existen compromisos familiares que se convierten en ineludibles, razón que hace altamente cuestionable la suspensión de las mismas, cuya motivación debe ser perfectamente plausible dejando siempre a salvo que en casos de daños económicos, los mismos puedan ser reclamado y efectivamente retribuidos, aun cuando el compromiso familiar difícilmente podría ser retribuido económicamente; además que, en la mayoría de los casos, las causales de suspensión son innecesarias, fútiles, arbitrarias o caprichosas, que insisto, podría ser causal de responsabilidad de quien alegremente desconoce los derechos de sus subalternos.

Señalado como ha sido que el permiso debe ser expresamente extendido por escrito, el artículo 55 del Reglamento General de la Ley de Carrera Administrativa, prevé la posibilidad cierta y si se quiere común, que no haya sido posible obtener o tramitar previamente el permiso, en cuyo caso la norma indica que "cuando por circunstancias excepcionales no le sea posible al funcionario solicitar el permiso, dará aviso de tal situación a su superior inmediato a la brevedad posible; al reintegrarse a sus funciones **justificará** por escrito **su inasistencia** y acompañará, si fuere el caso, las pruebas correspondientes". Esta condición no puede ser denominada permiso, sino tal como lo indica la norma, "justificación de ausencia" o "justificación de inasistencia".

La noción de permiso se dibuja en su solicitud, trámite y otorgamiento, con su respectiva notificación al funcionario interesado y participación a la oficina de recursos humanos correspondiente, mientras que en el caso analizado tal trámite no pudo realizarse, sin embargo, a la primera oportunidad debe participarlo para así justificar la ausencia.

Aun cuando la norma no expresa nada al respecto, debemos entender que ésta justificación sólo procede ante los supuestos que conllevan a los permisos obligatorios, ante los cuales el funcionario debe necesariamente otorgarlo (so pena de responsabilidad), toda vez que los permisos facultativos siempre dependen de la voluntad de quien ha de otorgarlo y en consecuencia siempre ha de ser expreso y formalmente expedido, pues siendo el permiso potestativo ciertamente discrecional, puede otorgarse o negarse, por lo que tomarlo sin haberlo tramitado previamente o haberlo obtenido expresamente no justificaría la ausencia del funcionario, ni libraría de la expedición del permiso, por lo que su falta ha de ser considerada como injustificada.

F. *NORMAS GENERALES EN CUANTO A LOS PERMISOS, CONTENIDAS EN EL REGLAMENTO GENERAL DE LA LEY DE CARRERA ADMINISTRATIVA*

Cuando el permiso se encuentra sometido a alguna condición independientemente que hubiere sido otorgado por tiempo determinado, la interrupción o culminación de la condición acarrea el decaimiento del permiso tal como se desprende del artículo 66 del Reglamento, al indicar: "Si la causa que motiva el permiso cesare antes de su conclusión el funcionario deberá reintegrarse a sus labores". A título de ejemplo podemos referirnos a la beca para cursar estudios, en cuyo caso la culminación anticipada del curso o la suspensión del mismo, o incluso, la expulsión del funcionario del curso obliga a éste a reincorporarse de manera inmediata a sus labores, toda vez que el supuesto bajo y para el cual se otorgó el permiso, se extinguió.

Dicha obligación podría tener la variante de la imposibilidad material de reintegrarse en aquellos casos en que el curso fuere en otro país y sea imposible tramitar un retorno distinto al previsto, en cuyo caso deberá ser demostrada tal condición.

La misma situación se puede presentar en los casos de permisos para ocupar otros cargos, o comisiones de servicio, en cuyo caso, de ocurrir cesación del cargo o culminación de las tareas asignadas, impone la obligación de la inmediata reincorporación.

Por otro lado, en caso que se demuestre que el funcionario alegó falsos motivos para obtener un permiso, presentó documentos falsificados, utilizó el tiempo de permiso para fines distintos, o incumplió algunas de las obligaciones que en materia de permisos le impone el Reglamento, conlleva a la imposición de sanciones de conformidad con el artículo 68 del mismo Reglamento[32], a lo que

32 Artículo 68 del Reglamento General de la Ley de Carrera Administrativa: "si se constata que el funcionario alegó falsos motivos para obtener un permiso, presentó documentos falsificados, utilizó el tiempo de permiso para fines distintos, o incumplió algunas de las

incluso hay que aseverar que aún sin la existencia de dicha norma, los primeros 3 supuestos constituyen hechos imbuidos en falta de probidad, contenido en el numeral 6 del artículo 86 de la Ley del Estatuto de la Función Pública, como causal de destitución[33].

El último de los supuestos, es el que ha servido para sostener que si el permiso no se encuentra debidamente tramitado no justifica la falta y por ende procedería la destitución en caso que superara los 3 días; sin embargo, de la norma no se deriva que el incumplir con alguna obligación en materia de permisos conllevaría a la destitución, sino que tal conducta acarrea una sanción, la cual, puede ser por el incumplimiento de deberes, o la inobservancia de normas como falta autónoma y que no necesariamente habría de afectar al permiso.

Señalado lo anterior, debemos abordar otros supuestos que incluyen las situaciones administrativas.

VII. DE LA SUSPENSIÓN DEL CARGO CON GOCE Y SIN GOCE DE SUELDO

1. *Suspensión del cargo con goce de sueldo*

La Ley de Carrera Administrativa no contemplaba la suspensión como situación administrativa, sino que lo incluía en el capítulo de las sanciones; sin embargo, la vigente Ley del Estatuto de la Función Pública considera a la suspensión con goce de sueldo como situación administrativa, lo cual no podría ser de otra manera, por los efectos de dicha medida.

Se ha entendido la suspensión del cargo con goce de sueldo, como una medida cautelar tendente a lograr la separación del ejercicio del cargo cuando se sigue un procedimiento disciplinario, a los fines de evitar que el mismo sea entorpecido por el investigado; sin embargo, la redacción de la norma contenida en su oportunidad en la Ley de Carrera Administrativa, daba la impresión de que se trataba de una medida disciplinaria, al estar enmarcado en el Título V de la citada ley, identificado como "de las Responsabilidades y del Régimen Disciplinario", y más concretamente, en su artículo 58 que señalaba:

Independientemente de las sanciones previstas en otras leyes, aplicables a los funcionarios públicos en razón del desempeño de sus cargos o por el ejercicio de sus funciones, estos quedan sujetos a las siguientes sanciones disciplinarias:

---

obligaciones que en materia de permisos le impone este Reglamento, se aplicarán las sanciones correspondientes de acuerdo con lo previsto en la Ley de Carrera Administrativa".

33 Como la persona que tramita un permiso para acudir a un curso inherente a sus funciones, y otorgado el mismo, no acude al curso.

1º Amonestación verbal;

2º Amonestación escrita;

3º Suspensión del cargo, con o sin goce de sueldo;

4º Destitución.

El citado artículo catalogaba a las suspensiones como sanciones; y, si bien es cierto, las medidas de suspensión son efectivas y contundentes sanciones en algunas normas de corte disciplinario (especialmente las policiales), de la revisión de los supuestos de procedencia de dicha Ley, se concluía que no podía ser considerado como sanción tal como lo regulaba el artículo 61 *eiusdem*, que indicaba:

> Cuando para realizar una investigación judicial o administrativa fuere conveniente, a los fines de la misma, suspender algún empleado del ejercicio de sus funciones, la suspensión será con goce de sueldo y durará el tiempo estrictamente necesario para practicar tal investigación.
>
> Si contra el empleado se dictare auto de detención se le suspenderá del cargo sin goce de sueldo.

Establecía la Ley los supuestos generales de su procedencia en el entendido que, en el caso de la suspensión con goce de sueldo, su conveniencia, pertinencia y procedencia giraba en torno de la investigación que se seguía, lo cual nos otorga la noción de instrumentalidad y subsidiariedad. A diferencia de lo que podría deducirse de la mera lectura del artículo 56, no puede entenderse a la suspensión -en los términos que desarrollaba la derogada ley-, como un fin en sí mismo, tal como sería la concepción en caso de ser considerado efectivamente como una sanción, sino como una medida de auxilio, soporte o ayuda al procedimiento o investigación que se sigue y por la cual procede.

Por su parte, la suspensión del cargo sin goce de sueldo, en los términos de la derogada Ley, sólo procedía en los casos que al funcionario le fuere dictado auto de detención, pues podría entenderse que al igual que en Derecho laboral, al existir una absoluta imposibilidad de prestación del servicio operaba como una causal de suspensión de la relación.

Es por ello que aun cuando el capítulo en que fue desarrollado en la derogada Ley, escapa al ámbito de análisis de situaciones administrativas, no resulta así en cuanto a sus consecuencias; pues en la suspensión con goce de sueldo, el funcionario sigue bajo la égida y potestad de la Administración, en condiciones como si de funcionario activo se tratase, sin ejercer las funciones que le corresponden mientras estuviere vigente la suspensión, pero percibiendo todos los emolumentos correspondientes al cargo y disfrutando de todos los derechos que corresponden a cualquier funcionario activo, recogido a su vez en el artículo 70 de la Ley del Estatuto, como supuesto de situación administrativa.

En el caso de la suspensión sin goce de sueldo, mantiene la relación con la Administración, pero suspendida tanto en el ejercicio de funciones, -lo cual resulta de Perogrullo, al encontrarse privado de su libertad- y en consecuencia, sin percibir lo correspondiente a los emolumentos pecuniarios que del ejercicio del cargo se deriven, pero manteniendo el resto de los derechos, alegando que existe una expectativa de percibir los sueldos, en caso de sentencia absolutoria, por lo que considero necesario su inclusión en el presente trabajo.

El panorama cambia radicalmente con la entrada en vigencia de la Ley del Estatuto de la Función Pública, pues, en primer lugar, se ubica "topográficamente" en capítulo distinto al de las sanciones, ubicándolo el legislador en un Título propio referido a las "MEDIDAS CAUTELARES ADMINISTRATIVAS", y modifica en el primer supuesto -suspensión con goce de sueldo- las exigencias en cuanto a su duración; y en el segundo, en cuanto su aplicación, como se verificará luego de su transcripción.

> TÍTULO VII
>
> MEDIDAS CAUTELARES ADMINISTRATIVAS
>
> Artículo 90. Cuando para realizar una investigación judicial o administrativa fuere conveniente, a los fines de la misma, suspender a un funcionario o funcionaria público, la suspensión será con goce de sueldo y tendrá una duración hasta de sesenta días continuos, lapso que podrá ser prorrogado por una sola vez.
>
> La suspensión con goce de sueldo terminará por revocatoria de la medida, por decisión de sobreseimiento, por absolución en la averiguación o por imposición de una sanción.
>
> Artículo 91. Si a un funcionario le ha sido dictada medida preventiva de privación de libertad, se le suspenderá del ejercicio del cargo sin goce de sueldo. Esta suspensión no podrá tener una duración mayor a seis meses.
>
> En caso de sentencia absolutoria con posterioridad al lapso previsto en este artículo, la Administración reincorporará al funcionario o funcionaria público con la cancelación de los sueldos dejados de percibir durante el lapso en que estuvo suspendido.

El primero de los supuestos, referido a la suspensión con goce de sueldo, fue redactado en idénticos términos a los previstos en la derogada Ley salvo en lo que concierne al lapso de duración, que en la vigente norma se encuentra mejor delimitada; sin embargo, considero pertinente desmenuzar los supuestos y formas de procedencia de la medida.

El supuesto de procedencia es la conveniencia, bajo la premisa que para realizar la investigación judicial o administrativa fuere "conveniente" a los fines de la misma. La conveniencia surge entonces como un elemento de mérito que en principio podría estar excluido de cualquier revisión posterior pues podría ser de aquella materia históricamente –y a mi entender indebidamente– vedada al control del contencioso; en el entendido que lo referido a la oportunidad, mérito y conveniencia sólo corresponde a la Administración.

Tal concepción, que deviene de los orígenes franceses del contencioso administrativo, podría encontrar una fuerte contraposición en la denominada "universalidad" del control contencioso administrativo, donde no podría existir conducta de la Administración que escape al referido control. En la práctica ésta ha sido una excusa para negar la tuición que por esta medida se pudiere solicitar, o apoyado en el supuesto que tratándose de un acto de trámite y precisamente por su carácter instrumental no puede ser sometido al control jurisdiccional; sin embargo, toda vez que dicha medida procedería en el marco de una relación funcionarial y apoyado precisamente en esa jactada universalidad, no podría estar vedada a control.

Por otra parte, si bien es cierto la medida adquiere un fuerte tono de discrecionalidad, no escaparía la Administración de evidenciar esa conveniencia; en especial, porque no ha de justificarse en el beneficio o criterio de la persona o jerarca que tramita u ordena tramitar la investigación sino que tiene que ser dictada a favor de la investigación misma, lo cual podría implicar que la medida envolvería eventualmente una desviación de poder o un falso supuesto cuando se dicta por razones distintas.

Señala la misma norma que la suspensión tendrá una duración hasta de sesenta días continuos, prorrogable por una sola vez. Al igual que la procedencia, debemos entender que la duración gira igualmente en torno a la conveniencia para la investigación.

Por otra parte, si el tiempo de duración por el cual se impone la medida originalmente, no fuere suficiente, puede prorrogarse, a lo cual, al igual que para su imposición original debe ser a través de un acto motivado que justifique la necesidad de extender la medida en el tiempo.

Nada dice la norma de la forma de proceder al culminar el tiempo original o la prórroga, si fuese el caso, ni cómo debe comportarse el jerarca o el funcionario suspendido; sin embargo, sucede con frecuencia que en un evidente abuso de poder e irrespetando lo previsto en la norma la Administración niega el derecho a reincorporarse aduciendo que no ha finalizado la investigación, o acordando prórrogas *contra legem*. Esta posición podría encontrar sustento en la propia Ley que expresamente señala que "La suspensión con goce de sueldo terminará por revocatoria de la medida, por decisión de sobreseimiento, por absolución en la averiguación o por imposición de una sanción", de allí, que no prevé el cumplimiento del tiempo como condición de término de la medida, sino que exige un pronunciamiento expreso de la Administración, para entender su cesación.

De tal forma que podría concluirse ligeramente que la medida no tiene una vigencia temporal determinada y en consecuencia, durar mucho más allá de los sesenta días originales y su prórroga, pero por otra interpretación, puede aducirse que sesenta días es el tiempo máximo de duración y dentro de ese lapso dictarse la decisión por la cual ha de proceder a culminar la suspensión.

Otro punto a discutir es quién solicita la medida, por lo que debemos verificar algunos supuestos que pueden presentarse:

a. Toda vez que la investigación administrativa puede devenir de la potestad disciplinaria que ejerce directamente la Administración a la cual se encuentra adscrito el funcionario, en cuyo caso se ha de entender que el propio jerarca la acuerda.

b. Que otra Administración distinta al lugar de adscripción instruya la averiguación, como sucede en las comisiones de servicios, en cuyo caso el jerarca del órgano de adscripción lo acuerda y lo ha de ejecutar el comitente.

c. Puede que el órgano que instruye la investigación administrativa sea ajeno a aquellos que ejercen potestades sobre el funcionario, como puede ser el caso de una averiguación administrativa llevada por la Contraloría General de la República, en cuyo caso el Contralor, ha de solicitar la aplicación de la medida al jerarca del órgano al cual está adscrito el funcionario.

d. Que se trate, en los mismos términos de la Ley, de una investigación judicial, en cuyo caso el órgano judicial solicita la medida al jerarca del órgano al cual está adscrito el funcionario.

Por supuesto, la justificación del por qué resulta necesaria la medida es obligación del solicitante en los casos b, c y d, será al mismo tiempo la justificación del acto que la impone, por lo que las consecuencias en su otorgamiento podrían ser compartidas si el solicitante omite justificación, y, sin embargo, quien ejerce la potestad, la acuerda.

Por otra parte, podría derivar igualmente en responsabilidad contra el superior, si se solicita la suspensión de un funcionario, entendiendo que la misma se encuentra fáctica y jurídicamente motivada, y el superior omite pronunciarse sobre dicha suspensión y se causa un daño en la investigación o incluso, al patrimonio o a terceras personas.

2. *DE LA SUSPENSIÓN DEL CARGO SIN GOCE DE SUELDO*

Si resulta engorroso y complicado en la práctica en los casos de suspensión con goce de sueldo, en peores términos de contradicción se encuentra redactada la medida de suspensión sin goce de sueldo, regulada en el artículo 91 *eiusdem*, cuyo supuesto es similar al que previó la Ley de Carrera Administrativa en tanto la exigencia de una medida privativa de libertad, imponiendo -al igual que en el caso de la suspensión con goce de sueldo- un término para la duración de la medida que en este caso está pautado en el límite de seis meses.

Esta medida no se encuentra determinada en la Ley como situación administrativa, pero su aplicación en la práctica, por algunos órganos, la asemeja en sus efectos, mientras que por otro lado, a consideración de quien suscribe la presente investigación, hace que se mantenga cierto vínculo entre la Administración y el funcionario suspendido que habría de terminar con la destitución, o en todo caso, mantenerse a través de la reincorporación, como dos de los supuestos en que se pondría fin a dicha medida; más sin embargo, no lo mantiene como si de servicio activo se tratara, lo cual puede ser en todo caso una consecuencia.

En cuanto a la suspensión sin goce de sueldo, en un principio se discutió cual era el acto judicial que daba lugar a la medida de suspensión sin goce de sueldo, toda vez que para la época que el Código de Enjuiciamiento Criminal regulaba los juicios y la investigación penal, los supuestos para la imposición de un auto de detención o un auto de sometimiento a juicio eran los mismos, dependiendo exclusivamente del tipo de delito que se imputare y la pena correspondiente, así como la sustitución de una medida de detención por cualquier otro beneficio en el proceso penal, lo cual produjo dos posiciones diferenciadas.

a. La primera se sustentaba no en los efectos de la medida penal, sino en las causas de la medida, señalando que se trataba más de un problema ético y moral, en cuanto una persona a la que se le hubiere dictado un auto de detención, o cualquier otra medida sustitutiva, se encontraba en entredicho hasta tanto se dilucidara dicha situación con una sentencia absolutoria, lo cual, en los actuales momentos, podría considerarse como un absoluto desconocimiento e irrespeto a las mínimas nociones de presunción de inocencia.
b. La otra posición se sustentaba exclusivamente en los efectos de la medida, en tanto que en el caso del auto de detención impedía

> o imposibilitaba de manera absoluta el ejercicio del cargo -por el hecho de privación de libertad-, mientras que cualquier medida sustitutiva permitía dicho ejercicio, que, en todo caso, es lo que buscaba la norma. Es decir, que, al no existir privación de libertad, o lograda la libertad posteriormente por cualquier otra vía, permitía el ejercicio del cargo y por ende no procedía la suspensión.

Esta segunda posición fue la aplicada en el supuesto de la imposición de un auto de detención a un alcalde del este de Caracas en la década de los 90's, por la pretendida comisión de un delito contra la cosa pública, que, para el texto legal de la época, no era susceptible de beneficio procesal alguno y sin embargo le fue concedido por parte del juez penal. Se discutió si dicha exención de medidas sustitutivas contrariaba igualmente el principio de presunción de inocencia y de igualdad, razón por la cual se otorgó una medida sustitutiva de la detención y, en consecuencia, administrativamente se pronunció el concejo municipal correspondiente sobre la reincorporación al ejercicio del cargo, al no encontrarse privado de libertad, entendiendo que el supuesto que imponía la suspensión era la privación de libertad.

A diferencia de una duración más concreta en la suspensión con goce de sueldo, la medida privativa de libertad no tiene un tiempo predeterminado o por lo menos, que pueda definirse con mediana precisión. Además, resultaría un absurdo pretender que al vencer los seis meses que dispone la norma, deba existir una reincorporación, pues aún vencido el lapso puede mantenerse privado de libertad el funcionario, lo cual imposibilitaría la reincorporación.

Así, parece categórica la redacción de la primera parte del artículo 91, al establecer que "Esta suspensión no podrá tener una duración mayor a seis meses"; sin embargo, el aparte se encuentra redactado de forma tal que puede traer mayor confusión. Pese a ello, de su lectura puede desprenderse la solución al problema planteado, cuando establece: "En caso de sentencia absolutoria con posterioridad al lapso previsto en este artículo, la Administración reincorporará al funcionario o funcionaria público con la cancelación de los sueldos dejados de percibir durante el lapso en que estuvo suspendido".

Deben identificarse dos ideas distintas que plantea el mismo artículo, distinguido y separado por el punto y aparte, siendo que la primera idea establece la causa de la medida y la duración, que a decir de dicho artículo no podrá superar los seis meses; pero la segunda parte del mismo artículo establece las consecuencias de que fuere dictada sentencia absolutoria con posterioridad. En tal sentido, compaginando lo anteriormente dicho en cuanto a la prefijación de la duración de la medida, por cuanto no puede tenerse conocimiento o estimación previa del tiempo que habría de durar la medida y el límite que impone la propia norma, ha de entenderse que si existe alguna medida que implique el otorgamiento de la libertad antes de vencerse el plazo de seis meses, debe ser reincorporado, pero si la libertad antes del plazo se obtiene por sentencia absolutoria, debe ser reincorporado y pagados sus sueldos dejados de percibir, pues si bien de la redacción de la norma se podría inferir que sólo corresponde el pago cuando la suspensión exceda o supere los seis meses, tal conclusión podría resultar injusta con respecto a los funcionarios que no superaron el lapso privados de libertad y que al contrario, fueron absueltos, antes del vencimiento del lapso de seis meses.

Sin embargo, otra interpretación resulta de considerar que si la Administración en nada influyó y es ajena a las causas que mediaron en la privación de libertad, sólo correspondería la reincorporación, pero cualquier pretensión de carácter pecuniario no correspondería a la Administración por concepto de sueldos, sino en todo caso al Estado, por vía de indemnización.

Otro supuesto que se produce por lo enrevesado de la norma deriva del hecho de que, si la libertad se obtiene después de vencidos los seis meses que regula la primera parte del artículo 91, pueden verificarse otros supuestos:

a. El previsto en la norma, que refiere a que exista sentencia absolutoria con posterioridad a los seis meses, en cuyo caso la Administración reincorporará al funcionario y le cancelará los sueldos dejados de percibir.

b. Que la consecuencia de la sentencia implique la libertad, más no se trate de una sentencia absolutoria, como puede ser un sobreseimiento. Debemos entender que la sentencia que genera la reincorporación y el pago ha de ser la absolutoria, toda vez que el sobreseimiento implica que, al momento, no existen los suficientes elementos para considerar a la persona como culpable o responsable, en cuyo caso, en aplicación del principio de presunción de inocencia no puede dársele el tratamiento de culpabilidad, más no se trata de una sentencia que determine la inocencia de la persona de manera plena.

   Allí la situación puede tornar un poco complicada, entendiendo que no existe causal para dar por terminada la relación y tampoco puede mantenerse la medida de suspensión, en cuyo caso considero apropiado que proceda la reincorporación al ejercicio del cargo, aunado a que cualquier interpretación diferente pudiere afectar el principio de presunción de inocencia, toda vez que no se encuentra plenamente comprobada la responsabilidad del funcionario en el hecho; sin embargo, podría considerarse que no resultaría procedente el pago de los sueldos dejados de percibir, siendo en ese caso, un verdadero caso de suspensión de la relación.

Pudiera aducirse que basado en el principio de presunción de inocencia, si no fue comprobada su responsabilidad y culpabilidad, debe tenerse la inocencia con todos sus efectos y en consecuencia, entender que corresponde el pago, indicando como contrapartida que en todo caso la Administración no inició, siguió o decidió en el proceso penal, así como tampoco se prestó el servicio y no se cumplieron los supuestos para que de conformidad con la ley, proceda el pago, lo que deberá ser observado en cada caso concreto.

c. El tercer supuesto se refiere a aquellos casos en que no hay sentencia y vencieron los seis meses. En este caso, al no haber prestado servicios no se impone la obligación del pago a que refiere al aparte del artículo en cuestión, toda vez que se parte del supuesto que la persona se mantiene privada de su libertad.

d. Que al funcionario se le hubiere otorgado libertad, pero la sentencia resultó condenatoria, como puede suceder en caso de cumplimiento del término de la pena. En este caso pueden existir dos variantes:

   La primera, que se haya dictado sentencia antes del vencimiento de los seis meses. Considero que en este caso procedería la reincorporación, sin ordenar el pago de los sueldos dejados de percibir; más, sin embargo, de conformidad con las previsiones del artículo 86.10 de la Ley del Estatuto de la Función Pública, resultaría aplicable la sanción de destitución.

   La segunda, que se dictó la sentencia condenatoria una vez vencido el término a que se refiere la ley. Siendo así, no se encuentra cumplido el supuesto a que refiere la norma siendo del criterio que no procedería la reincorporación de la persona, existiendo consideraciones para determinar procedente la destitución a los fines de la ruptura definitiva del vínculo con la Administración. Pasar de la condición de suspendido a la de retirado –por destitución- de la Administración.

Pese a lo anteriormente expuesto, resulta pertinente comentar la sentencia del 1 de febrero de 2011, dictada por la Sala Político Administrativa del Tribunal Supremo de Justicia, sentencia 123, caso Antonio Carlos Correia Freitas. En dicho proceso judicial se conocía de la reclamación de un funcionario policial que estuvo privado de libertad por más de cuatro años, obteniendo, en definitiva, sentencia absolutoria, demandando posteriormente al Instituto donde prestaba servicios por indemnización de daños materiales y morales, por cuanto, a decir del actor la Administración jugó un papel importante en su detención. La Sala en su análisis sobre la procedencia del pago de sueldos por el tiempo que estuvo detenido, indicó:

> Sobre este concepto es preciso destacar que pese a que el actor reclama las cantidades dinerarias que se habrían generado desde marzo de 2003 hasta junio de 2008 (esto es, mientras permaneció supuestamente recluido en un centro penitenciario), a esta Sala sólo le está dado otorgar las que conforme a la norma aludida se generaron durante la vigencia de la medida disciplinaria; de forma que corresponde al actor hacer uso de otras vías o mecanismos jurídicos para reclamar el pago de las sumas que pudieron haberse causado más allá de los límites temporales que establece el dispositivo.
>
> Ahora bien, en razón de que para determinar esta responsabilidad es impretermitible probar que el daño causado se debió a una actuación u omisión atribuible a la Administración Pública, así como la relación de causalidad entre la actuación u omisión del ente demandado con la producción del daño que se alega, esta Sala debe acotar que, en este caso, el artículo 91 de la Ley del Estatuto de la Función Pública impone el resarcimiento de manera objetiva en virtud de un proceso judicial que culmine con sentencia absolutoria. Por consiguiente, se estima inoficioso analizar los requisitos para la procedencia de la responsabilidad patrimonial del Estado.

A los fines de justificar la redacción de la norma, que ciertamente luce poco clara y cuyas consecuencias son producto del trabajo de interpretación, partiendo de aparentes contradicciones, la Sala Político Administrativa del Tribunal Supremo de Justicia, a los fines de tratar de mantener la interpretación literal de la norma, pese a tratarse de una sentencia absolutoria y siendo procedente la reincorporación (es decir, se encontraba perfectamente dibujado el supuesto de la norma), concluyó que en todo caso el pago no podría exceder el lapso de 6 meses que es el que impone la norma como máximo para la suspensión.

Si es así, conlleva a considerar una serie de incongruencias que afectan no sólo el artículo 91, sino todo el sistema de la carrera, pues si la suspensión no puede exceder de 6 meses, ¿qué pasa si la persona continúa detenida por un lapso mayor? Si la declaratoria de culpabilidad conlleva el supuesto de destitución, implica que el funcionario no ha sido retirado, pero si tampoco está suspendido y venció el plazo de 6 meses ¿Cuál es la condición de esa persona?

Adicionalmente a ello, la redacción de la segunda parte del artículo 91, parece no dar lugar a dudas, pues parte del principio que el funcionario fuere suspendido y que la suspensión supere el plazo de 6 meses, en cuyo caso: "En caso de sentencia absolutoria con posterioridad al lapso previsto en este artículo, la Administración reincorporará al funcionario o funcionaria público con la cancelación de los sueldos dejados de percibir durante el lapso en que estuvo suspendido".

Siendo así considero que resulta procedente la reincorporación, pero igualmente el pago de sueldos por todo el lapso de suspensión; en especial, cuando la Administración jugó un importante papel en la detención del funcionario o la imputación fue en ocasión del ejercicio de la función pública, por lo que considero errado el criterio sostenido por la Sala Político Administrativa del Tribunal Supremo de Justicia.

VIII. DE LA DISPONIBILIDAD Y LA REUBICACIÓN

Otra de las situaciones administrativas, que se asimila a la prestación efectiva del servicio, es la de DISPONIBILIDAD, (similar a la expectativa de destino española) que consiste en la situación en que se encuentra un funcionario de carrera administrativa una vez que es removido de un cargo de libre nombramiento y remoción o afectado por una medida de reducción de personal. Esta figura de disponibilidad constituye una situación administrativa, en tanto y en cuanto, durante las gestiones reubicatorias que conlleva la disponibilidad, el funcionario se considera como si se tratase del servicio activo; y como consecuencia, de ser favorable las gestiones, produciría la reubicación en otro cargo manteniendo, perfecta continuidad, mientras que de resultar desfavorable conllevaría al retiro.

En la derogada Ley de Carrera Administrativa, la mención a la disponibilidad sólo la encontramos en el artículo que refiere a las distintas situaciones administrativas y en el artículo 54, referido a la reducción de personal, y la noción de funcionarios de alto nivel, indicando expresamente:

> La reducción de personal prevista en el ordinal 2° del artículo anterior dará lugar a la disponibilidad hasta por el término de un mes, durante el cual el funcionario tendrá derecho a percibir su sueldo personal y los complementos que le correspondan. Mientras dure la situación de disponibilidad la Oficina de Personal del organismo respectivo o la Oficina Central de Personal tomará las medidas tendientes a la reubicación del funcionario en un cargo de carrera para el cual reúna los requisitos previstos en esta Ley y sus Reglamentos.
>
> Parágrafo Único: Si vencida la disponibilidad a que se refiere este artículo no hubiese sido posible reubicar al funcionario éste será retirado del servicio con el pago de las prestaciones sociales

contempladas en el artículo 26 de esta Ley e incorporado al registro de elegibles para cargos cuyos requisitos reúna.

Es el Reglamento General de la Ley de Carrera Administrativa, el que impone la figura de la disponibilidad para tratar de reubicar al funcionario de carrera que se encuentre en ejercicio de un cargo de libre nombramiento y remoción, ubicándolo en el capítulo referido a las situaciones administrativas, que en su sección sexta prevé:

SECCIÓN SEXTA: DE LA DISPONIBILIDAD Y DE LA REUBICACIÓN

Artículo 84. Se entiende por disponibilidad la situación en que se encuentran los funcionarios de carrera afectados por una reducción de personal o que fueren removidos de un cargo de libre nombramiento y remoción.

El período de disponibilidad tendrá una duración de un mes contado a partir de la fecha de notificación, la cual deberá constar por escrito.

Artículo 85. La disponibilidad se entenderá como prestación efectiva de servicios a todos los efectos.

Artículo 86. Durante el lapso de disponibilidad la Oficina de Personal del organismo, tomará las medidas necesarias para reubicar al funcionario.

La reubicación deberá hacerse en un cargo de carrera de similar o superior nivel y remuneración al que el funcionario ocupaba para el momento de la reducción de personal, o de su designación en el cargo de libre nombramiento y remoción.

Artículo 87. Las Oficinas de Personal de los organismos de la Administración Pública Nacional están obligadas a participar a la Oficina Central de Personal las medidas de reducción y remoción de funcionarios de carrera para que gestionen la reubicación del funcionario en un cargo de carrera vacante en cualquier otra dependencia de la Administración Pública Nacional.

Si la Oficina de Personal encuentra reubicación dentro del mismo organismo, lo participará de inmediato al funcionario y a la Oficina Central de Personal y procederá a tramitar su designación.

Artículo 88. Si vencida la disponibilidad no hubiere sido posible la reubicación del funcionario, éste será retirado del organismo e incorporado al Registro de elegibles para cargos cuyos requisitos reúna.

La Oficina de Personal notificará por escrito al funcionario de la decisión de retirarlo del organismo. Remitirá copia de la

> notificación a la Oficina Central de Personal e iniciará los trámites para el pago de las prestaciones sociales
>
> Artículo 89. Si no hubiere sido posible la reubicación del funcionario de carrera elegido para cargos de representación popular o de aceptación obligatoria, éste será retirado del servicio.

A su vez, en la Ley del Estatuto de la Función Pública, la única mención a la disponibilidad como situación administrativa la encontramos en el artículo 78 referido a las causales de retiro de la Administración, en la cual de manera expresa señala que los funcionarios públicos de carrera que sean objeto de alguna medida de reducción de personal, antes de ser retirados podrán ser reubicados. Obsérvese que a primera vista pareciera estar redactado como si se tratase de una gracia de la Administración en el entendido que se trata del ejercicio de la potestad discrecional; sin embargo, considero que lejos de tratarse de una gracia, se trata de la obligación de agotar las gestiones reubicatorias y buscar la permanencia del funcionario de carrera en los cuadros de la Administración.

Otra mención que nos sugiere la idea de disponibilidad, o por lo menos de la orden de reincorporación es la referida en el artículo 76 de la Ley del Estatuto de la Función Pública, contenida en el capítulo referido a las situaciones administrativas, que indica: "El funcionario o funcionaria público de carrera que sea nombrado para ocupar un cargo de alto nivel, tendrá el derecho a su reincorporación en un cargo de carrera del mismo nivel al que tenía en el momento de separarse del mismo, si el cargo estuviere vacante".

Más que reseñarse a la reubicación y la disponibilidad propiamente dichas refiere más bien al permiso expreso o tácito que se entiende otorgado a un funcionario de carrera para que ocupe un cargo de alto nivel, derivado de la noción de estabilidad que protege al funcionario de carrera y que se constituye en pilar de la carrera administrativa; sin embargo, de la redacción de la ley pareciere que la única intención de protección no va dirigida al funcionario de carrera que ejerza un cargo de libre nombramiento y remoción, sino de aquél que ejerza un cargo de alto nivel, dejando en aparente desventaja o desprotegido al funcionario de carrera que ejerza un cargo de confianza.

Tal concepción o apreciación luce absolutamente injusta toda vez que ambos tipos de cargos son igualmente de libre nombramiento y remoción, con la salvedad que, para ejercer un cargo de alto nivel, el funcionario debe aceptar de manera expresa el cargo, mientras la condición para considerar un cargo como de confianza puede darse cuando sencillamente se reubica al funcionario en otro cargo o se le asignan funciones propias de confianza. Así, pretender que sólo se encuentra protegido aquél que ejerce un cargo de alto nivel, no sólo constituye una evidente merma y desconocimiento de la noción de estabilidad que dibuja la carrera administrativa, sino que enviste como un frontal caso de discriminación a favor de quien ejerce cargos de alto nivel.

En todo caso considero que la disponibilidad prevalece en todo caso de remoción de un funcionario de carrera, bien por el ejercicio de cargos de libre remoción o bien ante la reducción de personal en aplicación de la normativa del reglamento que a todas luces luce protectora de la noción de carrera preservando uno de sus fundamentales pilares como es la estabilidad.

En el ámbito militar encontramos de la figura de "disponibilidad" en similares términos, no ya producto de la remoción de un cargo o la reducción de personal, sino que surge con una doble condición: (1) Como sanción, en el cual se deja sin asignación alguna al funcionario; o (2) En los casos que no existan destinos apropiados o acordes para el desempeño del mismo, especialmente en atención a su jerarquía.

IX. DE OTRAS SITUACIONES ADMINISTRATIVAS. DE LA EXCEDENCIA VOLUNTARIA Y FORZOSA EN ESPAÑA

Si bien es cierto, no es objeto directo del trabajo, considero pertinente traerlas a colación, por la evidente diferencia encontrada, no en cuanto a la generalidad de las situaciones administrativas en Venezuela, sino como situaciones dadas en supuestos distintos y mucho más amplios que en nuestro país, con la intención de mantener el recurso o talento humano que fue formado con grandes costos y sacrificios, en un verdadero sistema de carrera, debiendo revisar entonces brevemente la figura de las excedencias en España.

La primera, la excedencia forzosa se da en el supuesto en que el funcionario quede sin puesto de trabajo, al no poder ser reubicado o resultar infructuosa la expectativa de destino y no poder ingresar a ningún cargo, siendo que el funcionario no es responsable por esa situación; o en aquellos casos en que el funcionario en expectativa de servicio, incumple la obligación de aceptar los puestos que se le ofrezcan, o de participar en los concursos para cargos acordes; o ante la solicitud de reingreso de un funcionario declarado en suspensión firme de funciones. Durante este periodo, el funcionario percibe las remuneraciones básicas y prestaciones familiares por hijos a su cargo, así como el tiempo resulta computable a efecto de derechos pasivos y trienios.

Conforme nos lo indica Lorenzo de Membiela, la excedencia voluntaria tiene por finalidad evitar que grupos masivos de funcionarios públicos quedaran en la situación de excedencia forzosa, facilitando el trasiego de una Administración a otra.

Otra figura es la excedencia voluntaria, consistente en la separación del cargo de carrera específico, bien sea a solicitud del funcionario en específicos casos o para la prestación de servicios en el sector público y no les corresponde quedar en situación de servicio activo, mientras ejerza tales cargos.

Cumplido el servicio a que se cita, si no solicita el reingreso al servicio activo, queda en situación de excedencia voluntaria por interés particular.

Esta excedencia voluntaria por interés particular también constituye una situación autónoma y propia, que puede ser negada por razones de servicio, o cuando se le instruye al funcionario un procedimiento.

Otros casos de excedencia, es la voluntaria por agrupación familiar, la cual procede cuando el funcionario adquirió un cargo en otra localidad a la del asentamiento familiar; y la excedencia para el cuidado de hijos, como medida de protección a la maternidad y a la familia, para atender al cuidado del hijo por un periodo que no ha de superar los 3 años, sin derecho a percibir ninguna remuneración pero si a la reserva del puesto de trabajo durante un año, y si excede de ese año, el derecho a reingresar a un puesto de trabajo en la misma a localidad y con el mismo nivel de remuneración.

La última es el caso de la excedencia voluntaria incentivada, entre otros supuestos cuando se constata un problema de exceso de funcionarios, en cuyo caso, sigue percibiendo las remuneraciones ordinarias hasta por 5 años.

Con ello vemos que todo este régimen de excedencias, si bien es cierto, constituye una fuerte carga para el Estado, en tanto en la mayoría de los casos implica la cancelación de erogaciones pecuniarias sin obtener ningún tipo de contraprestación, sólo busca tener cautivo a un funcionario público, protegiéndolo en su cargo natural, o buscando su retorno a los cuadros de la Administración, lo que redunda -a nuestra consideración- en primer lugar, en evitar un concurso que a su vez genera gastos y por otro lado evita los costos de formar a un funcionario, tanto para el concurso, como para ejercer posteriormente el cargo.

Sin embargo, en especial el caso español, que se encuentra sometido a un sistema económico común, dicha aplicación que en un momento puede afectar las finanzas del país podría afectar igualmente las finanzas del resto de los países miembros de la misma comunidad por lo que habría que analizar su aplicación en condiciones que no perjudiquen todo el sistema.

En todo caso, resulta difícil pensar en situaciones similares en el caso venezolano, partiendo del hecho de que lo más sencillo y básico a los que hay que someter el sistema de carrera, como lo es el de **verdaderos**

concursos públicos, no ha sido más que una utopía en la mayoría de las veces, considerando aquellos casos donde si se han ejecutado dichos concursos, como de honrosa excepción. Si el concurso es difícil, más difícil serán otras instituciones más elaboradas que lo que buscan es proteger el capital humano formado, salvo que sea usado para cubrir compromisos políticos o compensar "compadrazgos".

COLOFÓN

Como se ha dicho hasta la saciedad, la mayoría de las situaciones administrativas favorecen la estabilidad del funcionario de carrera, aun cuando no resultan exclusivas de estos, constituyendo una importante diferencia entre lo laboral y lo funcionarial.

Se debe entender que favorecen la institución de la carrera y la función pública -como ha de ser la mayoría de los supuestos de la función pública- sin tener como objetivo la protección de la persona, aun cuando resulta protegida por la institución. De allí, que siempre su aplicación debe estar regida en primer lugar por las normas y en absoluto respeto de los derechos de las personas, pero resulta más importante entender que no se trata de mecanismos a favor del jerarca para imponer su voluntad; y, siempre que el funcionario superior actúe en aparente respeto a la ley, sólo para satisfacer intereses o humores personales, puede ser responsable personalmente, independientemente del daño que pueda causar a la persona y que se puede exigir igualmente su resarcimiento.

Cuando quienes representan a la Administración entiendan que su función trasciende sus caprichos y que debe centrarse en la función pública, el estándar de funcionamiento de la Administración tenderá a mejorar a lo ideal.

Resulta lamentable que, durante toda la vigencia de la Ley de Carrera Administrativa, la misma no pudo implementarse en toda su extensión, precisamente por el recelo de aquellos llamados a aplicarla; y ahora, en más de diez años de vigencia de la Ley del Estatuto de la Función Pública, sigue el mismo derrotero.

Pero peor burla lo constituye el evidente rechazo y actuación contraria a la Constitución de la República y al resto de las leyes que involucran a la función pública en distintos órganos, cuando los verdaderos concursos con carácter público son la excepción de la regla, siendo que en el mejor de los casos, cuando se ha pretendido asegurar la estabilidad del funcionario se ha hecho a través de concursos cerrados que no constituyen más que una defensa del cargo que ya ejerce la persona, cercenando el derecho al resto de las personas que igualmente tienen derecho a su ejercicio, en evidente contradicción a lo ordenado en las normas.

De la misma forma se ha burlado la institución de las situaciones administrativas, no siendo -en algunos casos- más que medios de castigar o premiar al funcionario -según los intereses del jerarca-, pretendiendo que se trata de una norma que legitima su actuar, aun cuando sea evidentemente contrario al "deber ser".

La condición empeora, cuando vemos que dicha situación tiene el mismo tratamiento en organismos llamados a la protección de los derechos de las personas y del funcionario, dirigido mayormente por profesionales en materias vinculadas al Derecho, mientras que el producto de su proceder no es más que actuaciones contrarias a derecho, dictando actos con aparente viso de legalidad.

Hemos visto que ciertamente las leyes no son absolutamente perfectas, pero siempre tienen la posibilidad de perfeccionarse; sin embargo, la gran mejoría del sistema se puede obtener con la simple adecuación de las actuaciones a estos mandatos legales, toda vez que la mejor de las leyes puede verse empañada en su aplicación por quienes son llamados a interpretarlas, mientras que a la peor de las leyes se le puede dar una interpretación que la haga llevadera; sin embargo, en casos como los discutidos, y en todos donde se involucre la función pública, a la Administración le corresponde su aplicación en los términos en que se encuentra redactada la norma o como ha sido interpretada, entendiendo que la función pública no está llamada a satisfacer los intereses particulares de los funcionarios, los jerarcas o sus amistades, sino que ha de entenderse que gira en torno al servicio y su mejor marcha y prestación.

Así, los puntos que se han tratado en el presente trabajo, referente al ingreso, concurso, estabilidad de los funcionarios y el tratamiento de las situaciones administrativas, en la medida que se ejecuten con respeto al ordenamiento jurídico y deje de ser el resultado de interpretaciones banales o viscerales de quien se encuentre llamado a aplicarla, nos llevaría a una más sana prestación del servicio, en beneficio de la persona que lo presta y del colectivo que se ha de beneficiar con dicho servicio.

Igual argumento lo tenemos en cuanto a las decisiones judiciales; pues en la medida que las decisiones sean producto de la sana y recta interpretación de la Constitución y la ley, se obtendrá una mejor, garante y ética Administración Pública, lo cual pasa por abandonar las decisiones complacientes a los caprichos de algunos jerarcas, independientemente de las razones de su actuar.

BIBLIOGRAFÍA

BIELSA, Rafael. *La Función Pública. Caracteres Jurídicos y Políticos de la Moralidad Administrativa.* Editorial Roque Depalma, Buenos Aires, 1960.

BREWER CARÍAS, Allan R. *El Estatuto del Funcionario Público en la Ley de Carrera Administrativa Comisión de Administración Pública.* Caracas, 1971.

CABALLERO ORTIZ, Jesús. *Incidencias del Artículo 8 de la Ley Orgánica del Trabajo en el Régimen Jurídico del Funcionario Público".* Editorial Jurídica Venezolana, Caracas, 1991.

____________________ *El Derecho del Trabajo en el Régimen Jurídico del Funcionario Público.* Editorial Paredes, Caracas, 2006.

GIL FORTOUL, José. *Historia Constitucional de Venezuela.* Tercera edición, Editorial Las Novedades, Caracas 1942.

LORENZO DE MEMBIELA, Juan. *Las Situaciones Administrativas de los Funcionarios Públicos.* Editorial Thomson Aranzadi, España 2004.

____________________ *Manual Práctico de la Función Pública, Volumen IV. Derechos Fundamentales de los Funcionarios en la Administración: Nuevos retos en las Organizaciones Burocráticas.* Editorial Thomson Aranzadi. Segunda Edición, Madrid 2010.

PARADA, Ramón. *Derecho del Empleo Público.* Editorial Marcial Pons, Madrid, 2007.

RONDÓN DE SANSÓ, Hildegard. *El Sistema Contencioso Administrativo de la carrera administrativa.* Ediciones Magón, Caracas 1974.

____________________ *El Funcionario Público y la Ley Orgánica del Trabajo.* Editorial Jurídica Venezolana, Caracas 1991.

SÁNCHEZ MORÓN, Miguel. *Derecho de la Función Pública.* Editorial Tecnos, Madrid 1996.

SILVA BOCANEY, José Gregorio. "Del fuero sindical en la función pública", publicado en la obra colectiva *Derecho Administrativo Iberoamericano, 100 autores en Homenaje al Postgrado de Derecho Administrativo de la Universidad Católica Andrés Bello.* Editorial Paredes, Caracas, 2007.

_____________________ *Competencia Contencioso Funcionarial.* Cuadernos de Derecho Público Nº 5. Fundación de Derecho Administrativo (FUNEDA), Caracas 2009.

_____________________ "De la Función Pública en el municipio". Publicado en el libro *Homenaje a la Dra. Josefina Calcaño de Temeltas "Temas de Derecho Constitucional y Administrativo"*. FUNEDA, Caracas, 2010.

_____________________ "De la Función Pública y la Ley Orgánica de la Jurisdicción Contencioso Administrativa". Publicado en la obra colectiva *La Actividad e Inactividad Administrativa y la Jurisdicción Contencioso Administrativa"*. Colección Estudios Jurídicos Nº 96, Editorial Jurídica Venezolana, Caracas, octubre 2012.

_____________________ "Anotaciones sobre las pruebas en el Proceso Administrativo III", publicado en *Ley Orgánica de la Jurisdicción Contencioso Administrativa. Un balance a los tres años de vigencia.* FUNEDA, Caracas, 2014.

Las situaciones administrativas en la función pública
de José Gregorio Silva Bocaney se imprimió
en la República Argentina en septiembre de 2021.